JN096744

新・保育と環境

［改訂新版］

小川 圭子 編著

瀧川 光治・石上 浩美・梅野 和人・藤井 奈津子
樋野本 順子・稲田 達也・鈴木 由美・大塚 貴之
永井 毅・原田 増廣・原田 敬文・多田 琴子
久保田 智裕・室谷 雅美・藤岡 宏樹・山本 淳子
原口 富美子・小磯 久美子・酒井 幸子・宮前 桂子

共著

嵯峨野書院

は　じ　め　に

　乳幼児期は，人間形成の基礎を作る重要な時期です。その時期の教育・保育は，子どもの価値基準である「見方」「考え方」が形成され，個々の発達に即しながら環境に主体的に関わっていきます。子どもは五感（視覚，聴覚，触覚，味覚，嗅覚）を通して心動かされた体験を重ね，遊びが深まり発展し生活が広がることで，環境との関わり方や意味に気づき，学んでいきます。

　このように幼児期の教育・保育を実践していく中で5領域「健康・人間関係・環境・言葉・表現」があります。5領域とは，生きる力を培うために必要な目標を5つの領域に分類したもので，幼稚園教育要領や保育所保育指針，幼保連携型認定こども園教育・保育要領において「ねらい及び内容」が示されています。5領域はバラバラに存在しているのではなく，重なったり単独だったり全部が関係したりして，独立しつつも相互に関連しあっています。つまり，5領域や10の姿の大元となる「3つの柱」（教育・保育の場として共有すべき事項の育みたい資質・能力―知識や技能の基礎を培いながら，思考力や判断力・表現力を身に付けていき，学びに向かう人間性などの力）をバランスよく培っていきます。

　領域「環境」は，子どもたちが「周りの環境に興味をもって生活していく力を育む」というねらいがあります。そのために，保育者は，子どもたちが身近なものとふれ合う機会がもてるように計画的に環境を構成し，子どもたちが積極的に関わりその面白さや不思議さを味わえるようにして，好奇心や探究心を育んでいきます。つまり，保育者は子どもたちが園生活を通して発見した身近な自然やもの，事象，文字や記号，数量といったことがらと出会って，個々の活動の中に取り入れ生みだし，楽しもうとする姿勢を育てていきます。では，どのような知識や技術で実践していけばよいのかを，本書では具体的に説明しています。

　本書の執筆者は，元・幼稚園や保育所・こども園等で保育実践にかかわってきた保育者であり，また，研究者として第一線で活躍しています。本書の特色は，学生が実践力を養えるようにするために，教育・保育現場を身近に感じられる事例や援助の方法，写真，イラスト，図などを多く取り入れ，具体的な活動がイメージしやすいように，領域「環境」の基本について簡潔でわかりやすい記述をめざしました。さらに，教員と学生，学生と学生双方で議論し，「主体的・対話的で深い学び」を通して，問題解決をさぐることができるように14章で編成し，各章ごとに重要語句やまとめ，演習問題などを示して学びが深められるように工夫しています。

　最後になりましたが，本書の出版のために玉稿をお寄せいただいた執筆者の先生方，株式会社嵯峨野書院社長・前田茂様はじめ編集のために多大なるご尽力をいただきました関係者の皆様に，感謝申しあげます。

　2022年8月

編著者　小　川　圭　子

● 目　次 ●

第1章

保育の基本と領域「環境」

 保育の基本

（1） 環境を通しての保育

　学校教育法第 22 条によると「幼稚園は，義務教育及びその後の教育の基礎を培うものとして，幼児を保育し，幼児の健やかな成長のために適当な環境を与えて，その心身の発達を助長することを目的とする」と規定されている。また，幼稚園教育要領・保育所保育指針・幼保連携型認定こども園教育・保育要領にも「環境を通しての保育」が重要であることが強調されている。

> 【幼稚園教育要領[1)]】　第 1 章　総則
> 第 1　幼稚園教育の基本
> 　学校教育法に規定する目的及び目標を達成するため，幼児期の特性を踏まえ，環境を通して行うものであることを基本とする。
> 【保育所保育指針[2)]】　第 1 章　総則
> 1　保育所保育に関する基本原則
> (1) 保育所の役割
> イ　保育所は，その目的を達成するために，保育に関する専門性を有する職員が，家庭との緊密な連携の下に，子どもの状況や発達過程を踏まえ，保育所における環境を通して，養護及び教育を一体的に行うことを特性としている。
> 【幼保連携型認定こども園教育・保育要領[3)]】第 1 章　総則
> 第 1　幼保連携型認定こども園における教育及び保育の基本及び目標等
> 　乳幼児期全体を通して，その特性及び保護者や地域の実態を踏まえ，環境を通して行うものであることを基本とする。

　つぎに，『幼稚園教育要領解説[4)]』では，「2　環境を通して行う教育」として，保育の基本を次の 3 つに分けている。

1）環境を通して行う教育の意義

　幼児期の子どもは自ら環境に働きかけて学習をしていく時期である。子どもは周囲のあらゆる生活環境から刺激を受け，自分から興味や関心をもって，直接的・具体的に環境に関わることで，**充実感や達成感**を味わう。その際，身の回りの環境に深く関わり，意味を見出し，考えたり，捉えなおしたりして，就学後の「**資質・能力**」の基礎となるものを培っていく。

　つまり，**学びに向かう力**は，① 豊かな心情，② 物事に自主的に関わる意欲，③ 健全な生活への態度であり，気づき工夫する力の発揮である。それらをチェックする窓口が「**幼児期の終わりまでに育ってほしい姿**」の10項目であり，どのような環境のもとで生活し，その環境にどのように関わったかによって，人間としての生き方に重要な意味をもつことになる。詳細は，第2章で述べる。

充実感や達成感

_資質・能力_

学びに向かう力

幼児期の終わりまでに育ってほしい姿

2）子どもの主体性と保育者の意図

　子どもは発達に必要なものを獲得しようと，子ども自ら周囲に存在するあらゆる環境に主体的に働きかけ，**試行錯誤**を繰り返し，連続性を保ちながら，さまざまな活動を生み出し育っていく。

試行錯誤

　そのために保育者は，子どもの生活の流れ，子どもの心の変化を読みとり1人ひとりの子どもにどのような体験が必要か。また，どのように援助・指導したらよいのかを工夫し，「**可視化**」できるように子どもをよく観察して記録を取る。さらに，教育内容の充実が図れるように計画性と意図性をもって育てていくことも求められている。

可視化

　つまり，子どもが効率よく1つひとつの活動を進められるようになることではなく，子どもの主体性と保育者の意図が絡み合うことで環境を通して行う教育は成り立っていく。

3）環境を通して行う教育の特質

　環境を通して行う教育の「環境」とは，子ども自身が経験や活動をしていく生活の場として捉える。保育者は子どものもつ潜在的な可能性に働きかけ，その人格の形成を図る。それは同時に，子どもは保育者の支

えを得ながら環境を獲得することで，自己の可能性が開かれていく。

このように，環境を通して行う教育の保育者の役割は，子どもは生まれながらに能動性を保持していることを信頼しつつ，子どもと共に生活することである。保育室や園庭や園の周辺，多様な人々などさまざまな環境の教育的価値を含んでいる。そのことによって子どもは，興味や関心をもって環境と出会い，環境にふさわしい関わり方を身につけていく。また，子ども1人ひとりの発達の特性に応じることが大切である。このとき，保育者との1対1の関係ではなく，子どもたちの集団の力，集団という組織的作用に援助され子ども1人ひとりの発達を促していくことも大切である。

したがって，子どもの主体的な活動，遊びこめる活動，発達の特性に応じることが，環境を通して行う教育の特質といえる。

（2）生きる力の基礎を培う

幼稚園・保育所・認定こども園などから高校までの共通の教育課題は，物事に直面したときに解決する力，人と交わる心情的な力を身につけることである。しかし，最近は，少子化問題や都市化，情報化により子どもたちを取り巻く社会は大きく変化してきている。そのため，幼児期から自然に触れる機会や友だち関係は乏しく，心身の弱体化が著しくなってきていることが懸念されている。

生きる力の基礎を培う乳幼児期において，生涯にわたってたくましく生きていくための，3項目を挙げる。

① 心情的な力──お互いに表現し伝え合い，他者の思いを大事にする力。

② 工夫する力──多様な遊びを通して主体的に創意工夫する力。

③ 生活習慣力──生活リズムを身につけ，積極的に体を動かす力。

保育者はこれらの3項目を育成するために，子どもが具体的で直接的な体験を持てる機会を整え，子どもの能動性を促しながら，自己発揮できる環境を構成し，子どもがその活動に意味を見出すようにする。けっして，保育者が一方的に知識や技術を教えたりするのではなく，保育者は子どもに必要な体験が得られるような環境を用意することで，子ども

領域「環境」の分類	内　　　　　容
人 的 環 境	保育者，友だち，養護教諭，事務員，調理員，用務員などの職員など
物 的 環 境	園舎，園庭，玩具，遊具，素材，教材など
自 然 環 境	草花，樹木などの植物，虫，鳥，家畜などの動物，季節，天候，自然現象（雨・風・雪など），林，山，川など
社 会 的 環 境	園を取り巻く地域の特性，地域の文化，生活様式，生活習慣，子どもの家庭環境，地域の公共施設など

自らの生きる力を育てることにつながる。つぎに，園生活の中で子どもが自ら興味や関心をもって遊ぶ「環境」について述べる。

（3）　園の生活と領域「環境」の範囲

　「環境」の言葉の元々の意味は，「人間または生物を取り巻き，それと相互作用を及ぼし合うものとして見た外界」（『広辞苑』岩波書店），「生活体を取り囲み，その行動様式や生存の仕方を規定している外的諸条件」（『保育用語辞典』ミネルヴァ書房）と記され，「環境」の概念は広い。

　しかし保育における「環境」は，人的環境，物的環境と大項目に分けられることが多い。子どもが環境に関わり意味を見出し学ぶことにつながるものとして，他には自然環境，社会的環境を加えた4つの環境を表1-1に挙げた。

1）人 的 環 境[5]

　保育者や友だちをはじめ，事務員，給食を調理する人，バスの運転手や用務員などである。とくに保育者は，発達の見通しをもった環境を準備し，子どもの生活の中に興味のあるものをどのように取り入れ生活をつくっていくかが大切である。つまり保育者は子どもの発達環境を考えて環境を構成する人であり最も重要な人的環境である。人柄や資質，専門性といった**全人格的**なものと保育者の生きる姿が，子どもの人的環境として何よりも重要である。

全人格的

2）物 的 環 境[6]

　施設としては，保育室や遊戯室，保健室等がある。保育室にはテーブル，椅子，積み木，絵本，ブロック，ままごとセットや制作をするとき

の素材も置かれている。園庭には，ジャングルジム，すべり台，砂場などの固定遊具がある。物的環境を保育の中で，子どもたちにどのように**興味や関心**をもたせ引き出させるか。道具によって生まれる子どものさまざまな試行錯誤や工夫，さらに保育者の保育の意図をどう結びつけていくかによって，その重要性の意味はかわってくる。

興味や関心

3）自 然 環 境

　季節のリズムは，保育にさまざまな変化をもたらすうえで重要である。春は花を摘んだり，臭いを嗅いだり，花輪をつくったりできる。夏は水遊びが楽しめる。秋は木の実や落ち葉拾いや，冬眠の準備である。冬は氷，霜柱，雪，北風など，自然の変化を楽しむ遊びができる。このように季節のリズムは保育の中で子どもの活動をより豊かにしていく自然環境である。自然は園庭にある四季折々の花や草，木の実，野菜を作る畑などの植物がある。また，ウサギやにわとり，ハムスター，ダンゴムシにカブトムシ，バッタなどの小動物も子どもたちが**生命の尊重**を知ることのできる大切な環境である。

生命の尊重

4）社 会 的 環 境

　子どもたちが住む地域には，それぞれの施設の役割や機能がある。たとえば，地域の商店街にお散歩にいき，お花屋さんの前でチューリップの歌を歌い，お店の人に拍手をもらったりして交流することで，地域の中の自分を発見する体験もできる。

　社会的な行事では，国民の祝日や五節句（人日〔じんじつ〕〔1月7日〕・上巳〔じょうし〕〔3月3日〕・端午〔たんご〕〔5月5日〕・七夕〔しちせき〕〔7月7日〕・重陽〔ちょうよう〕〔9月9日〕）の他，園によって年間行事は若干の違いはあるが，概ね春は「入園式」「交通安全教室」，夏は「衣替え」「夕涼み会」「サマーキャンプ」，秋は「運動会」「高齢者交流会」，冬は「豆まき」「生活発表会」「卒園式」などがある。

　子どもは**行事**を通しさまざまな感動や体験をして，社会に出て行く基礎をつくっていく。発達過程に応じた伝統行事や伝承遊びを保育の中に入れていくことが求められる。

行事

　このように環境を1）から4）に分けることができるが，子どもの環

境は混然一体となったものである。すなわち，子どもが生活の中で出会うすべてが環境である。子どもが五感を通して遊ぶことのできる保育環境は，「安心・安定できる場」となり，その場で子どもは豊かな体験や経験を積み感性を培っていく。

詳細は第 8 章，第 9 章，第 10 章で述べる。

2 領域「環境」のねらいと内容

（1） 領域「環境」とは

小学校教育では，「ねらい」や「内容」を達成するために活動や教材を選んで指導する。しかし領域「環境」は，子どもが環境と関わることによって，活動を生み出し，活動を展開する中で「ねらい」や「内容」が達成される。

領域「環境」の目的は，① 子どもが積極的に身近な環境に関心をもつ。② 体験，経験したことを生活に取り入れることである。すなわち，周囲のあらゆるものに興味や関心をもって，生活の中に取り込み，好奇心，探究心をもって関わる観点からねらいと内容が示されている。幼稚園教育要領に示されている 5 領域と要点を，表 1-2 に示す。

領域「環境」は，子どもの具体的な遊びの活動を通して，表 1-2 で示されている 5 領域が総合的に達成，展開されていくように考慮することが示されている。また，保育所保育指針，幼保連携型認定こども園教育・保育要領には，乳幼児期に必要な「生命の保持」と「情緒の安定」

● 表1-2 ● 5 領域と要点

5 領域		要点
心身の健康に関する領域	健　康	人間生活の基本である。
人との関わりに関する領域	人間関係	社会的な習慣や態度，他人との調和をはかる。
身近な環境との関わりに関する領域	環　境	自然物，人工物など人間が相互に関連している。
言葉の獲得に関する領域	言　葉	話しを聞く，話すなど言葉は思考，創造の用具である。
感性と表現に関する領域	表　現	絵画，音楽で，芸術と呼ばれるものである。

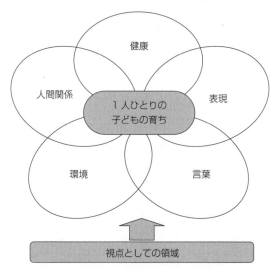

健康

人間関係　　１人ひとりの
　　　　　子どもの育ち　　表現

環境　　　　　言葉

視点としての領域

● 図1-1 ●　５領域（健康・人間関係・環境・言葉・表現）相互の関係

に関する事項があり，「**養護**」の側面が加えられている。養護に関する　　　養護
基本的事項を基盤としながら，一体的に教育を展開することが求められ
ている。

　図1-1は，領域「環境」の位置づけが，５領域の１つであることを示
し，発達的視点から子どもをとらえ，さらに，保育者が**環境を構成**する　　環境を構成
際の視点を表している。

（2）ねらいと内容

　領域「環境」の，「ねらい」は目標，「内容」は育ってほしい子どもの
姿が記されている。幼稚園教育要領における「ねらい」は，幼稚園修了
までに育つことが期待される**心情**，**意欲**，**態度**で心理的な側面を示して　　心情
いる。幼児期の育ちは知識，技能の獲得あるいは，「できる，できない」　　意欲
といった能力の到達度ではなく方向性であり，年齢別，段階別で示すの　　態度
はむずかしいとされている。

　幼稚園教育要領における「内容」は，幼稚園修了までに時間をかけて，
望ましい方向への育ちを身につける事項であり，「内容」に掲げてある
方向に向かうよう，具体的な活動を通して，園生活全体を通じて総合的
に指導する事項である。

（3）領域「環境」の変遷比較 —平成元（1989）年版・10（1998）年版・20（2008）年版・30（2018）年版を中心に

　領域という言葉は，昭和31（1956）年から幼稚園教育要領で使用されるようになった。平成元（1989）年までは**6領域**（健康，社会，自然，言語，音楽リズム，絵画制作）に分類され，領域別指導計画を基に領域別の指導が行われ，小学校教育の教科主義のように実践されたため，幼児教育にふさわしくない保育内容が生じるようになった。

6領域

　上記のことを踏まえて平成元（1989）年に，子どもをとりまく社会の変化に対応することを配慮し，領域は子どもを捉える視点として，**5領域**（健康，人間関係，環境，言葉，表現）に分類され，「発達の側面」から「ねらい」をまとめ，質的転換をはかった。さらに，「幼児期の特性を踏まえ環境を通して行うものであることを基本とする。このため，保育者は幼児と信頼関係を築き，幼児と共によりよい教育環境を創造するように努めるものとする」と記され，「環境を通して」という基本が強く打ち出されている。

5領域

　平成10（1998）年版は，「生きる力の基礎を育てる」が加えられた。さらに，子どもの知的な発達の芽生えとして，**好奇心**を発揮して，興味や関心をもって回りの環境に関わっていき，どのように変化していくかを読み取るために，**探究心**が盛り込まれた。

好奇心

探究心

　平成20（2008）年版は，平成10（1998）年版の好奇心や探究心をさらに深め，新たに思考力の芽生えとして「特に他の幼児の考えなどに触れ，新しい考えを生み出す喜びや楽しさを味わい，自ら考えようとする気持ちが育つようにすること」が盛り込まれた。

　「どうしてこうなるのだろうか」「比較してどうちがうのか」と，友だちと一緒になって予想したり，比べたりして不思議と思うところを図鑑で調べたりして，思考を深める過程を育てることが記された。

　平成30（2018）年版は，幼稚園と幼保連携型認定こども園は学校教育で，保育所は児童福祉施設と位置づけは異なるが，幼児教育の共通化として，幼児期から高校までを通じての育成を目指す「資質・能力の3つの柱」の基礎的なところは，「幼児期の終わりまでに育ってほしい10の

姿」「３歳以上の４時間程度の部分に関わるねらい」に内容は統一された。

　さらに多様化する社会の変化，さらに国際理解の芽生えや社会とのつながりに意識がもてるように配慮し，日本古来の伝統行事や伝承的な遊びに親しめるようにするため，「内容」のなかに新たに(6)「日常生活の中で，我が国や地域社会における様々な文化や伝統に親しむ」が加えられた。次に(8)「身近な物や遊具に興味をもって<u>関わり</u>（平成30［2018］年版は，ひらがなから漢字に変更された），<u>自分なりに比べたり，関連付けたりしながら</u>考えたり，試したりして工夫して遊ぶ」が一部加筆（下線部分）された。

　保育者は，環境が子どもにとって興味や関心のもてる魅力的なものになるかを考え，保育者の願いを領域「環境」に込めて子どもの生活の中に魅力ある環境を用意することが求められている。

【引用文献】
1）内閣府・文部科学省・厚生労働省『平成29年告示 幼稚園教育要領 保育所保育指針 幼保連携型認定こども園教育・保育要領〈原本〉』チャイルド本社，2017年，p.7
2）前掲書1），p.26
3）前掲書1），p.62
4）文部科学省『幼稚園教育要領解説〈平成30年3月〉』フレーベル館，2018年，pp.28-32
5）小川圭子「園生活をつくる」寺見陽子・西垣吉之編著『乳幼児保育の理論と実践』ミネルヴァ書房，2008年，pp.104-129
6）前掲書5），pp.104-129

【参考文献】
1）倉橋惣三「幼稚園真諦」『倉橋惣三選集 第1巻』フレーベル館，1965年
2）スペース新社保育研究室編，小川博久『保育援助論』生活ジャーナル，2000年
3）内閣府・文部科学省・厚生労働省『平成29年告示 幼稚園教育要領 保育所保育指針 幼保連携型認定こども園教育・保育要領〈原本〉』チャイルド本社，2017年
4）日本保育学会編『保育学講座3 保育のいとなみ―子ども理解と内容・方法』東京大学出版会，2016年

お薦めの参考図書

① 東京学芸大学附属幼稚園小金井園舎編『今日から明日へつながる保育―体験の多様性・関連性をめざした保育の実践と理論』萌文書林，2009年
② 田宮 縁『体験する・調べる・考える 領域「環境」』萌文書林，2018年
③ 河邉貴子『遊びを中心とした保育―保育記録から読み解く「援助」と「展開」』萌文書林，2020年
④ 吉谷昭憲『昆虫の体重測定（たくさんのふしぎ傑作集）』福音館書店，2018年
⑤ すとうあさえ／文，さいとうしのぶ／絵『子どもと楽しむ行事とあそびのえほん』のら書店，2007年

まとめ

1 環境を通して行う保育とは，子ども自身が環境に魅力を感じて自発的，主体的に環境に関わることで得る充実感を味わうことを意図した保育のことである。

2 領域「環境」は，子どもの具体的な遊びの活動を通して，5つの領域が総合的に達成，展開される。

3 子どもが生活の中で出会うすべてが，環境である。

4 保育者は，子どもとの信頼関係を基盤に子どもの能動性を促しながら，子どもが感じ遊べることのできる保育環境を整え，そこから子どもの興味・関心を読み取り，環境に対する理解を深める。

5 保育者は，① 心情的な力，② 工夫する力，③ 生活習慣力を育成するために，子どもが自己発揮できる環境を構成する。

6 「ねらい」と「内容」は，周囲の身近な環境に興味や関心をもって生活の中に盛り込み，好奇心，探究心をもって関わる観点が示されている。

7 今回の改訂・改定より，全体的な計画，教育課程をもとに我が国や地域社会における様々な文化や伝統に親しむことができるように，伝統行事や文化を保育活動に取り込むことが示された。

演習問題

[1] 子どもの観察記録を採り，そこから領域「環境」の内容に照らし合わせて，他の領域との関連性について考察してみよう。

[2] 保育現場での環境の実態を調べて，望ましい環境のあり方についてまとめてみよう。

[3] 伝統行事を1つ挙げて，① 行事の意味，② 由来，歴史，③ 保育を実践する際の保育方法についてまとめてみよう。

第2章

資質・能力及び育ってほしい姿と保育内容「環境」

　平成 29（2017）年 3 月の 3 法令の改訂で「**幼児期に育みたい資質・能力**」と「**幼児期の終わりまでに育ってほしい姿**」が新たに示された。これらは幼児期に育んでいきたいことを小学校教育とのつながりの視点で整理されたものであるが，従来の 5 領域の「ねらい」「保育の目標」を踏まえた保育・教育の中で養われていくものである。さらに幼稚園でも保育所でも認定こども園でも共通のものとして，同じことが 3 法令の中に示されて，就学前の教育・保育のあり方の共通化が図られている。

幼児期に育みたい資質・能力
幼児期の終わりまでに育ってほしい姿

 ## **1** 「幼児期に育みたい資質・能力」とは

（1）　幼児期に育みたい資質・能力の 3 つの視点

　「幼児期に育みたい資質・能力」は，「知識及び技能の基礎」「思考力，判断力，表現力等の基礎」「学びに向かう力，人間性等」の 3 つの視点で示されている[1]。なお，下線部は筆者が引いたものである。

㋐ 豊かな体験を通じて，感じたり，気付いたり，分かったり，できるようになったりする「知識及び技能の基礎」
㋑ 気付いたことや，できるようになったことなどを使い，考えたり，試したり，工夫したり，表現したりする「思考力，判断力，表現力等の基礎」
㋒ 心情，意欲，態度が育つ中で，よりよい生活を営もうとする「学びに向かう力，人間性等」

　この資質・能力について，文部科学省の資料（図 2-1）を見ると幼児期の教育の基本は，「環境を通して行う教育」と「遊びを通しての総合的な指導」であることは，これまで通りである。

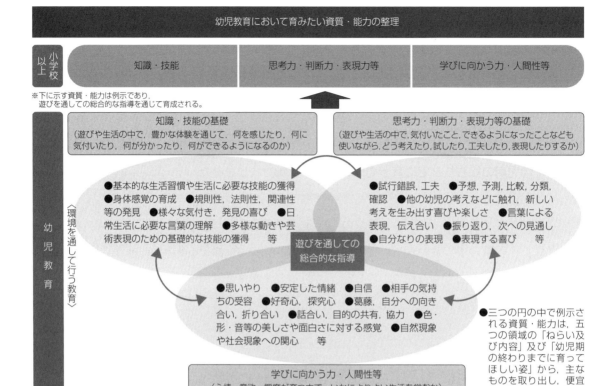

● 図2-1 ● 育みたい資質・能力

出典：文部科学省中央教育審議会「幼稚園，小学校，中学校，高等学校及び特別支援学校の学習指導要領等の改善及び必要な方策等について（答申）別添資料」p.1，2016 年

　「学びに向かう力・人間性等」が土台となって，「知識・技能の基礎」「思考力・判断力・表現力等の基礎」の２つがその上に描かれている。また，丸の中に例示されている言葉を見ると，キーワードとして「学びに向かう力・人間性等」には「安定した情緒，自信，好奇心，探究心，自然現象への関心等」，「知識・技能の基礎」には「様々な気付き，発見の喜び等」，「思考力・判断力・表現力等の基礎」には「試行錯誤，工夫，予想，比較，分類等」が示されている。これらは，相互に関連しあいながら育てていくものとして矢印で示されている。

　さらに，小学校以上においても「知識・技能」「思考力・判断力・表現力等」「学びに向かう力・人間性等」の３つの視点が示されている。今回の改訂では幼児期から高校までの教育を貫く視点として，資質・能力の３つの視点が示されており，それぞれの時期にそれぞれの**発達に応じた資質・能力**を育んでいくことが求められている。

発達に応じた資質・能力

（2）　事例から考えてみよう

　これらを事例に当てはめて，少し具体的に考えてみよう。

🌱　事例①　🌱

ペットボトルの音遊び（幼稚園3歳児クラス）

　秋の園外保育でいろいろな形のどんぐりをたくさん拾うことができた子どもたち。そこで翌日の保育環境として，それらを分けて入れられるよう空き箱，洗面器，ペットボトルを用意しておいた。

　翌日，子どもたちは，それらの容器類を見つけて，空き箱に入れて振ったり，洗面器の中に入れて転がしたりしていたが，ペットボトルを手に取る子どもが多く，大きなどんぐりを頑張って入れたり，いっぱい詰め込んだりしながら，自分たちなりにどんぐりを使って遊んでいた。詰め込むだけでなく，マラカスのように振って音を鳴らそうとする子どもも出てきた。子どもたちはどんぐりをたくさん詰め込んでふたをしてふることが楽しいようで，何人もの子どもたちがいっぱいどんぐりが入ったペットボトルを見せ合いっこしたり，力いっぱい振って音を鳴らそうとしていた。

　そこで，「先生のはまだちょっとしか入ってないわ」と，どんぐりが半分も入っていないペットボトルを振って見せると，何人かの子どもたちは真似をして「ぼくの，いっぱい入っているで」と振って見せた。そのとき，あれっ？という表情をしながら，「せんせいのほうがおおきいおとするなー」「せんせいのどんぐりちょっとしかないのに」と，音の大きさとどんぐりの量に気付いた子どもがいた。

　そこから，自分たちでいっぱい入れていたどんぐりを減らしてみたり，小さなどんぐりを入れて振ってみたりしながら試してみる姿が見られた。そんな遊びの中，どんぐりの入れ方もコツをつかんだようで上手になっていき，その入れる量と，音の大きさに自分で気付いて試していくことで遊びが変化し，「いいおとやろ！」と自分なりの〝いい音〟を楽しむ姿が見られるようになっていた。

（事例提供：常磐会短期大学付属常磐会幼稚園，2006年度の事例）

　この3歳児の子どもたちは，最終的にどんぐりを入れるコツをつかみながら，「どんぐりの量と音の大きさが関係する」ことに気づいている。そこに至るまでに子どもたちは，ペットボトルの口のサイズに合わせながらどんぐりを選んだり，いっぱい詰め込んだり，入れながら振ってみたりといろいろ自分なりに考えながら試している姿がある。さらに，「どんぐりの量と音の大きさの関係」に気づいてからは，量を調節しながら「自分なりのいい音探し」をし始めている。子どもたちは「ペットボトルにたくさん詰め込む」ことに夢中だったが，「どんぐりの量と音の大きさの関係」に気づいてからは「自分なりのいい音」という気持ち

に変化してく姿がある。この３歳児クラスのペットボトルの音遊びの中でも，子どもたちは，気づいたり，考えながら試したり，気づいたことを遊びに活かしたりする姿があり，その土台には「もっとこうしたい」と夢中になっている姿がある。このように資質・能力の３つの視点が絡み合いながら，遊びが展開していく様子を読み取ることができる。

また，保育者は「先生のはまだちょっとしか入ってないわ」とペットボトルを振って見せているが，これは子どもたちが入れる量と音の関係に気づくきっかけになっている。子どもたちが遊びの中で自然に気付くことを大切にしながらも，保育者の意図的な関わりも大切である。子どもの気づきのきっかけをつくることや，試行錯誤したり工夫したりすることが生まれやすいきっかけをつくること，「子どもがこうしたい」「次は，こんな風にしてみよう」と遊びをより自分たちなりに面白くしていくきっかけをつくることが，資質・能力を育むための保育者の役割として重要である。

2 「幼児期の終わりまでに育ってほしい姿」とは

（1）　5領域を踏まえて幼児期の終わりまでに育ってほしい姿を育む

　5領域のねらい・内容を踏まえた日々の保育の積み重ねを通して，前述の「資質・能力」を育んでいくことが大切である。それでは，そのような資質・能力が育まれていくと，年長児後半の子どもの姿はどのような姿なのだろうか。そこで，今回の改訂で，小学校入学前頃の幼児がどのように育っているかということを整理して示したものが「幼児期の終わりまでに育ってほしい姿」である[1]。その具体的な姿を，表2-1に示す（それぞれの重要なポイントに筆者が下線を引いている）。

　「幼児期の終わりまでに育ってほしい姿」は，5領域を踏まえて10個の視点で整理されているので「**10の姿**」ともよばれている。5領域が相互に関連しているように，この10の姿もそれぞれが独立しているのではなく，相互に関連しあっていることがポイントである。

幼児期の終わりまでに育ってほしい姿（10の姿）

10 の姿	具体的な視点
健康な心と体	幼保連携型認定こども園における生活の中で，充実感をもって自分のやりたいことに向かって心と体を十分に働かせ，見通しをもって行動し，自ら健康で安全な生活をつくり出すようになる。
自立心	身近な環境に主体的に関わり様々な活動を楽しむ中で，しなければならないことを自覚し，自分の力で行うために考えたり，工夫したりしながら，諦めずにやり遂げることで達成感を味わい，自信をもって行動するようになる。
協同性	友達と関わる中で，互いの思いや考えなどを共有し，共通の目的の実現に向けて，考えたり，工夫したり，協力したりし，充実感をもってやり遂げるようになる。
道徳性・規範意識の芽生え	友達と様々な体験を重ねる中で，してよいことや悪いことが分かり，自分の行動を振り返ったり，友達の気持ちに共感したりし，相手の立場に立って行動するようになる。また，きまりを守る必要性が分かり，自分の気持ちを調整し，友達と折り合いを付けながら，きまりをつくったり，守ったりするようになる。
社会生活との関わり	家族を大切にしようとする気持ちをもつとともに，地域の身近な人と触れ合う中で，人との様々な関わり方に気付き，相手の気持ちを考えて関わり，自分が役に立つ喜びを感じ，地域に親しみをもつようになる。また，幼保連携型認定こども園内外の様々な環境に関わる中で，遊びや生活に必要な情報を取り入れ，情報に基づき判断したり，情報を伝え合ったり，活用したりするなど，情報を役立てながら活動するようになるとともに，公共の施設を大切に利用するなどして，社会とのつながりなどを意識するようになる。
思考力の芽生え	身近な事象に積極的に関わる中で，物の性質や仕組みなどを感じ取ったり，気付いたりし，考えたり，予想したり，工夫したりするなど，多様な関わりを楽しむようになる。また，友達の様々な考えに触れる中で，自分と異なる考えがあることに気付き，自ら判断したり，考え直したりするなど，新しい考えを生み出す喜びを味わいながら，自分の考えをよりよいものにするようになる。
自然との関わり・生命尊重	自然に触れて感動する体験を通して，自然の変化などを感じ取り，好奇心や探究心をもって考え言葉などで表現しながら，身近な事象への関心が高まるとともに，自然への愛情や畏敬の念をもつようになる。また，身近な動植物に心を動かされる中で，生命の不思議さや尊さに気付き，身近な動植物への接し方を考え，命あるものとしていたわり，大切にする気持ちをもって関わるようになる。
数量や図形，標識や文字などへの関心・感覚	遊びや生活の中で，数量や図形，標識や文字などに親しむ体験を重ねたり，標識や文字の役割に気付いたりし，自らの必要感に基づきこれらを活用し，興味や関心，感覚をもつようになる。
言葉による伝え合い	保育教諭等や友達と心を通わせる中で，絵本や物語などに親しみながら，豊かな言葉や表現を身に付け，経験したことや考えたことなどを言葉で伝えたり，相手の話を注意して聞いたりし，言葉による伝え合いを楽しむようになる。
豊かな感性と表現	心を動かす出来事などに触れ感性を働かせる中で，様々な素材の特徴や表現の仕方などに気付き，感じたことや考えたことを自分で表現したり，友達同士で表現する過程を楽しんだりし，表現する喜びを味わい，意欲をもつようになる。

　たとえば，「**自立心**」「**協同性**」「**思考力の芽生え**」に示されている項目を見ると，「考えたり，工夫したり」という共通する子どもの姿が示されている[2]。子どもが何かをしているときの姿を見たときに，自分で粘り強く取り組んでいる姿が「自立心」，友だちと協力しあいながら「こうしたらどうか」と知恵を出している姿が「協同性」，取り組んでいる中で物の性質に気づいたり，考えが深まっていく姿が「思考力の芽生え」というように相互に，関連しあって捉えることが必要である。

自立心
協同性
思考力の芽生え

（2）10 の姿の具体的な捉え方

　前述の 3 歳児の「ペットボトルの音遊び」の事例でも，10 の姿の一部

が育ってきていることが読み取れる。子どもたちがどんぐりを入れる量によって音の違いに気付くということは，「思考力の芽生え」の「物の性質や仕組みなどを感じ取ったり，気付いたりし，考えたり，予想したり，工夫したりする」という子どもの姿が含まれている。また，「いっぱい」「少ない」ということは「数量（や図形，標識や文字など）への関心・感覚」の芽生えの姿とも捉えられる。

さらに，年長児クラスの秋に行われるグループでの制作活動では，子どもたちはお互いの共通のイメージや目的を持って，「こうしていこう」「こうした方がいいのと違う？」などのやり取りをしながらつくり上げていく姿が見られる。その中で，新たなことを思いついたりしながら，「ここが，こうなっているからうまくいかないけれど，こうしたらいいのではないか？」と物の性質に気づいたり，考えたりしながら進めていく姿も見られる。こういう姿の中に，「思考力の芽生え」や「協同性」に示されていることを如実に読み取ることができる。

このように子どもたちの実際の遊びや活動の中には，10の姿に示されているような子どもの育ちが含まれている。

3 保育内容「環境」と「資質・能力」「10の姿」のつながり

保育内容「環境」の「**目標**」「**ねらい**」は次のように示されている[1]が，これらと「資質・能力」「10の姿」の関連性を考えてみよう（下線は筆者によるものである）。

目標
ねらい

■「保育の目標」
○「身近な社会生活，生命及び自然に対する興味を養い，それらに対する正しい理解と態度及び<u>思考力の芽生え</u>を養うこと」（学校教育法・第23条）　＊認定こども園も同じ。
○「生命，自然及び社会の事象についての興味や関心を育て，それらに対する豊かな心情や<u>思考力の芽生え</u>を培うこと」『保育所保育指針』（第1章総則）
■ねらい
(1) 身近な環境に親しみ，自然と触れ合う中で<u>様々な事象に興味や関心をもつ</u>。
(2) 身近な環境に自分から関わり，<u>発見を楽しんだり，考えたり</u>し，それを生活に取り入れようとする。

---

(3) 身近な事象を見たり，考えたり，扱ったりする中で，物の性質や数量，文字などに対する感覚を豊かにする。

　「資質・能力」「10の姿」と保育内容「環境」のねらいや内容は，それぞれが独立したものではなく互いに関連していることに気づくだろうか。下線を引いた部分に着目すると，「思考力の芽生え」，「興味や関心をもつ」「発見を楽しんだり，考えたり」「見たり，考えたり，扱ったりする」とあるが，これは「10の姿」の「思考力の芽生え」に含まれ，「資質・能力」の3つの視点に含まれているものである。

　また，保育内容「環境」の内容には，自然やさまざまな物に触れることや興味や関心を持つこと，身近な動植物に親しみをもって接すること，日常生活の中で数量や図形や標識や文字などに関心を持つことが示されているが，これらは10の姿の「**自然との関わり・生命尊重**」「**数量や図形，標識や文字などへの関心・感覚**」に書かれていることにつながっている。

自然との関わり
生命の尊重
数量や図形，標識や文字
　などへの関心・感覚

　このように保育内容「環境」を含め5領域の「ねらい」「内容」を踏まえた保育を進めていく中で，資質・能力の3つの視点を育んでいくように意識することによって，10の姿に示された子どもの姿が育っていくという関連性があることを，しっかりと理解することが必要である。

【引用・参考文献】
1）内閣府・文部科学省・厚生労働省『平成29年告示 幼稚園教育要領 保育所保育指針 幼保連携型認定こども園教育・保育要領〈原本〉』チャイルド本社，2017年
2）無藤 隆編『育てたい子どもの姿とこれからの保育』ぎょうせい，2018年

お薦めの参考図書

① 経済協力開発機構編著『社会情動的スキル―学びに向かう力』明石書店，2018年
② 汐見稔幸『さあ，子どもたちの「未来」を話しませんか― 2017年告示 新指針・要領からのメッセージ』小学館，2017年
③ 利根川彰博『好奇心が育む学びの世界』風鳴舎，2017年
④ 無藤 隆編著『10の姿プラス5・実践解説書』ひかりのくに，2018年
⑤ 無藤 隆編著『幼児期の終わりまでに育ってほしい10の姿』東洋館出版社，2018年

まとめ

1 資質・能力には，「知識及び技能の基礎」「思考力，判断力，表現力等の基礎」「学びに向かう力，人間性等」の3つの視点がある。

2 資質・能力の3つの視点は，保育内容「環境」を含め5領域の「ねらい」「内容」を通して育んでいく。

3 幼児期の終わりまでに育ってほしい姿には，「健康な心と体」「自立心」など10の項目があるので，「10の姿」ともよばれる。

4 幼児期の終わりまでに育ってほしい姿は，年長児後半の子どもの姿で保育内容「環境」を含め5領域の「ねらい」「内容」を通して育まれてきた姿を表わしている。

5 保育内容「環境」の「ねらい」「内容」を日々の保育で意識することが，資質・能力や10の姿につながる。

6 子どもが気付いたり，試したり，試行錯誤したり，考えて工夫していくような遊びや活動によって，資質・能力や10の姿が育まれる。

7 自然に触れたり，生き物等に関わる中で自然への愛情や畏敬の念，命ある存在として感じる経験を重ねることによって，「自然との関わり・生命尊重」が育まれる。

演習問題

1 年長児の子どもが積み木遊びをしている中で，天井まで高く届かせたいと思って取り組んでいるときの様子を思い浮かべてみよう。このときに，資質・能力の3つの視点から考えると，どんなことを気付いたり，考えたり，試したり，工夫したりできるだろうか。

2 1の経験を何度も積み重ねて継続していく中で，10の姿の中のどのような項目が育っていくと考えられるか，図示してみよう。

3 保育内容「環境」の「ねらい」「内容」「内容の取扱い」に示されていることの中で，10の姿の「自然との関わり・生命尊重」に示されていることに関連があるものを見つけてみよう。

第**3**章

子どもの発達と保育内容「環境」

　一般的に，子どもは遊びを通して発達し，学んでいるといわれている。ここでいう遊びとは，子どもと環境とのふれあい・関わりの中で起こる現象であり，子どもが将来社会で生きていくために必要とされる知識やスキルを学ぶための原体験でもある。そこで本章では，子どもの発達において，遊びとは何か，遊びと認知的・社会的発達にはどのような関係性があるのか，さらに子どもの遊びと発達を支援する「環境」とはどのようなものなのかを整理し，子どもの発達支援について考えてみたい。

 子どもの発達と遊び

（1）　遊びの定義

　遊びとは何か。ベイトソンは，遊びには相手に対して「これは遊びである（本気ではない）」という明確な**メタメッセージ**が必要不可欠であるという（Bateson, 2000）[1]。一方，麻生は，遊びは哺乳類特有のものであり，親が乳幼児の世話をするときに見せるプレイフルな表情や態度そのものが遊びであり，親に遊ばれる体験を積み重ねることによって，子どもは遊びとはどのようなものかを学ぶという（麻生，2010）[2]。遊びとは，活動主体にとっての自発性の現れであり，遊ぶことそのものが楽しいという心理状態といえるだろう。

（2）　乳児の身体発達

　ひとは，生まれたその日からおおむね1歳頃までは，自分の身体を自分で自由に扱うことができない。それは，ひとの子どもが他の哺乳類の子どもにくらべると，未成熟なまま誕生するという特殊性を持つためで

メタメッセージ
　メタとは，より高次のという意である。発信者の意図は，字義通りのことばや行為ではなく，より深い意味がある。親が子どもをあやすのは，自分が親であり，子どもにとって安心できる存在であることを伝えようとする高次の意図のあらわれである。

ある。これをポルトマン（Portmann）は，**生理的早産**とよんだ[3]。

生理的早産

　生後間もない乳児には，生理的微笑（新生児微笑）や原始反射が見られる。これらは，か弱げながらも愛らしく，懸命に生きようとする，乳児特有の生得的な身体反応である。親や養育者は，乳児の一挙手一投足や我が子の表情の豊かさに驚き，戸惑いながらも，かわいらしさを感じ，自分が守るべき大切な存在として慈しみ育もうという意欲を持つと考えられる。

　そのような親や養育者からの手厚い保護を受けながら，乳児は生後3ヵ月頃になると首がすわり，5～6ヵ月頃になるとひとりで寝返りができ，手足を自分で自由に動かすことが容易になる。さらに，生後7～8ヵ月頃には座位が安定し，ハイハイやつかまり立ちを繰り返しながら，おおむね1歳3ヵ月頃に，ようやく自分で立って歩くことができるようになる。

　自力での移動ができるようになると，子どもの視界範囲は広がり，自分の感覚や興味・関心に基づいて，身の回りにあるもの（対象）とふれあう機会が増え，動くものや複雑なものに対して興味・関心を示すようになる。

（3）　乳児の知覚・認知発達

　乳児は，自分の視界に入る親の顔やものに対して興味を示し，じっと見つめるという。ファンツ（Fantz）[4]によると，生後間もない新生児であっても，人の顔やより複雑な模様，文字などをじっと見つめるなど，選択的に注視する傾向があるという。これは，**選好注視**とよばれるもので，生後2ヵ月頃になると，この傾向はさらに強くなるという。

選好注視

　たとえば，生後3ヵ月頃の仰向けに寝ている乳児の目の前で，音が鳴る布製のおもちゃを見せたとしよう。乳児は音が鳴っている方向に気づき，注視し，気にいったものは手を伸ばしてつかもうとする。これは，リーチングとよばれる自発的行為である。興味のある対象に対しては，つかめるまで何度も失敗を繰り返しながら手を伸ばし，うまくつかむことができれば，それを口に入れたりなめたりする。このような乳児の行動は，おもちゃからの**アフォーダンス**に対する反応であり，乳児期にお

アフォーダンス
　ギブソンの造語。環境から人に与える価値および情報の総体。たとえば電車の中の空席があれば，空席からのアフォードを人が知覚し，座ってもよい場所だと判断することができる。

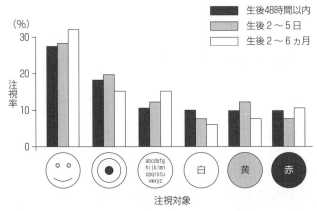

凡例:
■ 生後48時間以内
▨ 生後2〜5日
□ 生後2〜6ヵ月

注視率 (%)

注視対象

● 図3-1 ● 刺激パターンに対する注視率

出典：R. L. Fantz, The origins of form perception. *Scientific American*, 204(5), 1961, pp. 66-72. より著者作成

いて，心身の発達上，きわめて重要な意味を持っている。

（4）愛着形成と三項関係

　愛着（アタッチメント）とは，「乳児が通常は主な養育者との間に形成する愛情ある関係」（無藤，2010）[5]であり，ボウルビィ（Bowlby）によって提唱された概念である[6][7]。乳児の愛着形成期は，おおむね生後2ヵ月半頃から6ヵ月頃とされている。この時期の母子間スキンシップや遊び，言葉がけなどによって，乳児に基本的信頼感が育まれる。ここで，**二項関係**が成立する。そして，7・8ヵ月頃から幼児期にかけては，人見知りや分離不安などの愛着行動が示され，親の目線を通して同じ対象を見ようとしたり，興味・関心を示そうとしたりするようになる。これを共同注意（Joint Attention）という。さらに，1歳頃以降になると，「子ども―親―対象」の**三項関係**が成立し，子どもは親や養育者が指し示す対象を直接見ることができるようになり，身近な生き物や遊具・道具を話題とした親子間の頻繁なやりとりが，子どもの言葉の獲得や発達に大きな影響を与える。

　愛着形成についての実験や調査は多々ある。たとえば，ハーロウ[8]によるアカゲザルの子どもの愛着行動実験や，エインズワース[9][10]によるストレンジシチュエーション法などは，その代表的なものである。

二項関係
　親または養育者からの働きかけに対する乳児の反応がある関係性。

三項関係
　親または養育者が見ているもの（対象）や指示す者に対して，子どもが直接対象を見ることができる段階での三者の関係。

2 子どもの認知的・社会的発達と遊び

（1） ピアジェの発生的認識論と遊び

ピアジェ（Piaget）によると，環境の中にあるものや事象を取り入れ，自分の内面にある**シェマ**にあうように理解しようとしたり（同化），ものや事象にあわせてシェマそのものを変化させたり（調節）することによって，子どもの知的能力の発達は促進するという（Piaget, 1954）。また，同化的な傾向が強い活動は，遊びの萌芽としている[11]。この仕組みを図で示すと，図3-2のようになる。

シェマ
感覚と行動のパターンの反復によって子どもの内面に形成される認知的枠組み。

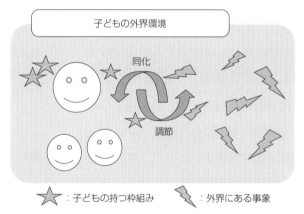

● 図3-2 ● ピアジェの同化と調節イメージ図
出典：J. ピアジェ『児童の自己中心性（臨床児童心理学1）』大伴 茂 訳，同文書院，1954年より著者作成

また，ピアジェは遊びを段階的に発達するものとした。

1）感覚・運動遊び

出生から2歳ごろまでの感覚運動期の子どもは，「今，ここにないもの」を頭の中に思い浮かべるという象徴機能がまだ出現していないため，目の前に見える対象をつかもうとしたり，つかんだものを口に入れようとしたりする。このような，比較的単調な行為パターンを繰り返し，外界にあるものや事象を理解しようとしている。

2）象 徴 遊 び

　子どもが2歳ごろになると象徴機能が発生し，見えない対象について
も，イメージやことばによって，思い浮かべることができるようになる。
これが，表象の世界（思考）である。たとえば，子どもが積み木を手に
持って，「ブーブー」や「クルマ」といったひとりごとを発しながら積み
木を車に見立て（シンボル）ながら，遊んでいるとする。子どもの頭の
中では，実物の車（対象）を想像（イメージ）している。これを，ふり遊
びまたは**ひとり遊び**という。それを，周囲の大人（観衆）が面白がった
りすると，もっと大人にサービスをしようとする。これは，他者と共有
される遊びであることから，**社会的遊び**という。

<aside>
ひとり遊び
　ひとりの子どもが，親や
他の子どもともものや道具を
共有せず，自分ひとりの表
象世界や情意を楽しみ遊ん
でいる形態。

社会的遊び
　複数の子どもが共通の遊
びに参加し，ものや道具，
場の状況を共有し，役割を
分担しながら遊ぶ形態。
</aside>

3）ル ー ル 遊 び

　2歳半から3歳頃になると，子どもは多様な対象に対して興味を示し，
それを探求しようとする。たとえば，「お店屋さんごっこ」，「〇〇家族
ごっこ」，「幼稚園ごっこ」のように，役割分担と社会的活動を結びつけ
た遊びがある。

　役割遊びやごっこ遊びでは，遊びに参加している子ども同士が協力し
て，共有できる自分たちのルールをつくり出す。そのためには，共通し
た言葉を用いて，互いの考えや意思を確認，理解する必要がある。この
ような遊びがルール遊びである。このように，さまざまな遊びの体験を
通して，子どもは他者との距離感や集団の中での自分の位置づけを学び
ながら，社会性や道徳性も育まれる。

（2）　パーテンの社会的遊びの分類

　パーテン（Parten,1932）[12]は，子どもの自由遊び場面における他者との
関わりに着目して，社会的遊びを次のように分類している。
　① 何もしていない：公園など子どもが集まっている場所で，他の子
　　どもが遊んでいても興味・関心を示さず，じっとしている。
　② 傍観：他の子どもが遊んでいる様子を見て，ときには声をかけた
　　りもするが，自分から遊びの輪に加わろうとはしない。
　③ ひとり遊び：場の状況や他の子どもの遊びとは無関係に，自分ひ

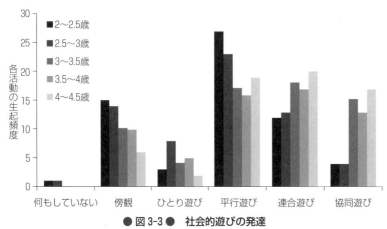

● 図3-3 ● 社会的遊びの発達

出典：M, B. Parten, "Social participation among pre-school children", *Journal of Abnormal and Social Psychology*, 27, 1932, pp. 243-269 より筆者作成

とりの遊びに専念している。

④ 平行遊び：他の子どもと同じおもちゃを使って，同じような遊び をしているが，相互交渉がない。

⑤ 連合遊び：他の子どもと一緒に遊び，おもちゃやものの貸し借り などのやりとりがある。

⑥ 協同遊び：一定の目的のために子ども同士が協力し，役割と分担 が生まれ，相互に補ったりする。

①～⑥の出現率をグラフにすると，図3-3のようになる。年齢が上が るにつれて，相互交渉のない傍観やひとり遊びは減少する。一方，平行 遊びは一時的には減少するものの4歳頃には増加，連合遊びと協同遊び は年齢が上がるにつれて増加する傾向がある。このような傾向には個人 差があり，遊びが多様化することも，親や養育者，保育者は理解しなが ら，子どもと関わる必要があるだろう。

（3） ブロンフェンブレンナーの生態学的システム論と遊び

子どもの環境世界と行動範囲は，心身の発達や社会的関係の変化にと もなって家庭から幼稚園・小学校，近隣地域へと広がる。

ブロンフェンブレンナー（Bronfenbrenner,1996）は，子どもをとりま く環境を，以下4つのシステム[13]として包括的にとらえている（図3-4）。 これをまとめると，以下のようになる。

① **マイクロシステム**：子どもの日常的な行動場面における活動，役割，対人関係を示す。
② **メゾシステム**：マイクロシステムにおける2つ以上の行動場面の相互関係を示す。
③ **エクソシステム**：親の職場や兄弟姉妹が通っている学校，その人間関係から子どもが受ける影響など，間接的に子どもの発達に影響を与える行動場面や相互関係を示す。
④ **マクロシステム**：マイクロシステム・メゾシステム・エクソシステムの形態や内容の背景にある一貫性のある社会・文化的価値や理念を示す。

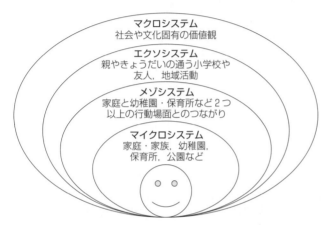

● 図3-4 ● ブロンフェンブレンナーによる4つの環境システム
出典：U. ブロンフェンブレンナー『人間発達の生態学（エコロジー）―発達心理学への挑戦』磯貝芳郎・福富 讓訳，川島書店，1996年，pp. 223-310 より筆者作成

（4）言葉の発達

　言葉は，子どもが自分の欲求や意思を相手に伝達するための道具であるとともに，自分の内面と対話するための思考手段でもある。ヴィゴツキーは前者を**外言**，後者を**内言**とよび，言葉は外言から内言へと発達すると考えた[14]。それは，言葉を用いることによって，他者との意思疎通や集団との関わり，環境への順応・適応がスムーズに行われる一方で，誤解やトラブルの要因となることもあるためである。

　子どもが社会的環境の中で生きていくためには，自発的な言語表出によって自分の欲求を伝えるだけではなく，相手と一緒に遊ぶためには，相手の話も聞き，応答すること，その場のやりとりの状況に応じた語彙の選択とその使い方，表現の仕方などについても学ぶ必要があるだろう。

外言
内言

そこで，乳児期から3歳頃までの言語表出の発達プロセスについて，以下のようにまとめられる。

1）発声から初語まで

　生後6週から8週には，クーイング（クークーというハトの鳴き声のような）や，ガーグリング（ゴロゴロと喉を鳴らすような発声）といった，生理的な音（げっぷや泣き）とは違う発声がみられる。

　生後2ヵ月以降になると，喃語（子音と母音がつながった発声遊び）や反復喃語（同じ音を繰り返しによる発声遊び）がみられ，生後6・7ヵ月頃にはジャーゴン（母語に含まれる音韻が混じったおしゃべりをしているような喃語）がみられる。

　そして，1歳頃になると，「ママ」や「パパ」といった有意味語を一単語で表す初語がみられる。

2）一語文から多語文への発達

　子どもの言葉は，初語の表出以降，1歳半頃には二語文，その後2歳半から3歳頃までには三語文から多語文を使うことができるようになり，この頃から語彙数も爆発的に増加するようになる。これをボキャブラリー・スパートという[15]。一般的に，5・6歳頃には約2100語から2500語を獲得し，話し言葉の語彙としては，ほぼ大人に近い語彙数を獲得していると考えられるが，個人差も大きいので注意が必要である。

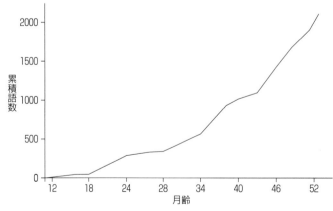

● 図3-5 ●　各年齢までに発した累積語数
出典：J. Ganger & M. R. Brent "Reexamining the Vocabulary Spurt", *Developmental Psychology*, 40(4), 2004, pp. 621-632. より著者作成

【引用・参考文献】

1）G. ベイトソン『精神の生態学［改訂第2版］』佐藤良明訳，新思索社，2000年，pp. 52-61，pp. 258-278

2）麻生 武「遊びと学び」，佐伯 胖監，渡部信一編『「学び」の認知科学事典』大修館書店，2010年，pp. 128-145

3）A. ポルトマン『人間はどこまで動物か―新しい人間像のために』高木正孝訳，岩波書店，1961年，pp. 60-66

4）R. L. Fantz, The origins of form perception. *Scientific American*, **204**(5), 1961, pp. 66-72.

5）無藤 隆「仲間関係のなかでの遊び」，佐伯 胖監，渡部信一編『「学び」の認知科学事典』大修館書店，2010年，p. 147

6）J. ボウルビィ『乳幼児の精神衛生』黒田実郎訳，岩崎学術出版社，1967年

7）J. ボウルビィ『母と子のアタッチメント―心の安全基地』二木 武監訳，医歯薬出版，1993年

8）H. F. ハーロウ『愛のなりたち』浜田寿美男訳，ミネルヴァ書房，1978年

9）M. D. S. Ainsworth, M. C. Blehar, E. Waters & S. N. Wall, *Patterns of attachment*. Hillsdale, NJ: Lawrence Erlbaum, 1978.

10）M. D. S. Ainsworth, Infant-mother attachment. *American Psychologist*, **34**(10), 1979, pp. 932-937.

11）J. ピアジェ『児童の自己中心性（臨床児童心理学1）』大伴 茂訳，同文書院，1954年

12）M. B. Parten, "Social participation among pre-school children", *The Journal of Abnormal and Social Psychology*, **27**(3), 1932, pp. 243-269.

13）U. ブロンフェンブレンナー『人間発達の生態学（エコロジー）―発達心理学への挑戦』磯貝芳郎・福富 護訳，川島書店，1996年，pp. 223-310.

14）L. S. ヴィゴツキー『思考と言語（上）（下）』柴田義松訳，明治図書出版，1962年

15）J. Ganger & M. R. Brent "Reexamining the Vocabulary Spurt", *Developmental Psychology*, **40**(4), 2004, pp. 621-632.

お 薦 め の 参 考 図 書

① 石上浩美編著『新・保育と言葉』嵯峨野書院，2022年

② 石上浩美・矢野 正編著『教育心理学―保育・学校現場をよりよくするために』嵯峨野書院，2016年

③ 秋田喜代美総監修『発達が見える！3歳児の指導計画と保育資料［第2版］』学研教育出版，2018年

④ 無藤 隆監，福元真由美編集代表『新版 事例で学ぶ保育内容 領域 環境［改訂版］』萌文書林，2018年

⑤ 清水民子・高橋 登・西川由紀子・木下孝司編『保育実践と発達研究が出会うとき―まるごととらえる子どもと生活』かもがわ出版，2006年

ま と め

1 遊びとは，相手に対して「これは遊びである（本気ではない）」という明確なメタメッセージがあり，親が乳幼児の世話をするときに見せるプレイフルな表情や態度そのものである。子どもは親と一緒に遊ぶことを通して，遊びとはどのようなものかを学んでいる。

2 ひとの身体発達は，生後3ヵ月頃に首がすわり，5〜6ヵ月頃になるとひとりで寝返りと手足を自分で自由に動かすことができるようになる。さらに，生後7〜8ヵ月頃には座位が安定し，ハイハイやつかまり立ちを繰り返しながら，おおむね1歳3ヵ月頃に，自分で立って歩くことができるようになる。

3 リーチングとは，乳児が知覚し，興味・関心を持った対象に対して手を伸ばしたり，つかもうとしたりする自発的な反応である。

4 ピアジェは子どもの遊びの発達段階について，①感覚・運動遊び，②象徴遊び，③ルール遊びの3つに分類した。

5 パーテンは，子どもの社会的遊びを，①何もしていない，②傍観，③ひとり遊び，④平行遊び，⑤連合遊び，⑥協同遊びの6つに分類した。

6 子どもの言葉の発達は，生後6週から8週にクーイングやガーグリングといった，げっぷや泣きといった生理的な音とは違う発声がみられる。また，生後2ヵ月以降になると，喃語や反復喃語がみられ，生後6・7ヵ月頃にはジャーゴンがみられる。そして，1歳頃になると，「ママ」や「パパ」といった有意味語を一単語で表す初語がみられ，その後2歳半ごろから急速に語彙数が増加していく。

演 習 問 題

① 子どもの遊びと発達に関する基礎理論について，以下のキーワードについて簡単にまとめてみよう。
　　① 選好注視
　　② 愛着（アタッチメント）
　　③ 社会的遊び
　　④ 喃語
　　⑤ ボキャブラリー・スパート
② あなたが保育者となった場合，子どもの発達段階や多様性を考慮しながら，どのような設定保育計画ができそうでしょうか。具体的に計画を練ってみよう。

第4章

思考力の芽生えを育む指導

 1 思考力の芽生えとは

（1） 乳幼児の発達と思考力

　私たちは，成長するにつれて周りの環境との関わりの中で，さまざまなことを考えながら生活している。乳幼児期の子どもにとっても，環境に興味や関心を持って関わり，働きかけることはとても重要なことである。この章では，子どもの成長と共に**発達する思考力**について考えていくことにしよう。

発達する思考力

1） 歩行と言葉から芽生える思考力（1〜2歳ごろ）

　児童心理学者の**ワロン**（H. Wallon）は，「子どもが自分の足で歩き，言葉をしゃべるようになるまでの時期に，その社会的発達は段階をおって，非常に急速にすすんでいきます」[1]と述べている。子どもにとって歩けるようになることと，言葉を使って話せるようになることは，とても重要な意味を持っている。歩くことによって環境を変えたり自由に移動して興味や関心を広げたりできるようになる。また，言葉を使えるようになることで，物には名前があることに気づいたり，気持ちや様子を伝えたりすることができる。もちろん子どもはそれ以前から思考しているが，この2つを獲得することによって，発達は急速に進むことになる。

ワロン（H. Wallon）

　この時期の子どもは，周りの人々から呼ばれている「名前」の自分と，鏡に映っている自分とを一致させることが困難であるが[2]，これは自己を認識することや，対人関係を理解するまでの道のりであるといえる。このようなさまざまな経験をもとに言葉を獲得することによって，**自己と他者・対象との関係性**などについて深く思考するようになるのである。

自己と他者・対象との関係性

２）自己主張と葛藤による思考力（3～4歳ごろ）

この頃の子どもは，大人から見れば自己主張と反抗の時期であり，こ
れは**自我の芽生え**によるものとされている。子どもは言葉を使って自分
の意思を主張するようになるが，まだ十分に気持ちを伝えることはでき
ない。また，周りからの関わりに対して拒否的な情動が起こるため，結
果的に自分の意に反した行動をとることも多い。これは自立への過程と
みることができ，親しい人たちに多くを依存していた関係から，少しず
つ「自分でやりたい」という気持ちが大きくなる時期でもある。しかし，
依存する関係を壊してしまうことはできないので，そこで葛藤が生じる
ことになる。つまり自立する気持ちと，依存する気持ちの対立が起こる
ことになるのである。靴を自分で履きたい，でもできないので手伝って
ほしい，でもすべてはしてほしくないなど，「一体どっちなの？」と聞
きたくなるような場面はすぐに想像できるだろう。

また，ロシアの心理学者である**ヴィゴツキー**（L. S. Vygotsky）は，
この時期の子どもの特徴として，自分が考えていることを口で言うこと
をあげている[3]。これは，「**自己中心的言語**」と呼ばれ，頭の中で言葉を
使って考える前段階であるとされている。

自我の芽生え

ヴィゴツキー
（L. S. Vygotsky）

自己中心的言語

⚘ 事例① ⚘

砂の料理をつくりながら（3，4歳児）

3歳の子どもが砂遊びをしている。プラスチックのトレーに砂を入れて，その上に少しかたい土を割っ
て並べている。

「これをここに置きまぁーす」ときれいに並べながら口に出して言う。次に細かい砂を「パラパラパラ
ー」，包丁に見立てたスコップを使って「トントントンー」「これをつぶしてぇー」と次々と言葉が出る。
隣にいた4歳の友だちも，「パラパラパラー」とまねをして砂をかけ始めた。

2人はしばらくそのように自分の考えを口に出していたが，遊びに集中するにつれて黙って料理に没頭
するようになった。

この事例は，自分の考えを言葉にして口に出す段階から，次第に頭の
中で考える段階に遊びの中で移行している場面として見ることができる。
同時に，この時期には模倣遊びがさかんになる。これは「つもり」や
「見立て」と呼ばれるもので，対象物に自分のイメージを重ね合わせたり，

年上の子どものまねをしたりするようになる。子どもは，徐々に対人関係を広げていく中で，自分の主張との内在的葛藤を繰り返し，やがて目的や動機によって行動する思考力を身につけていくのである。

● 写真 4-1 ●　土や砂で料理をつくる

3）社会性や生活過程を育む思考力（5〜6歳ごろ）

　5，6歳になると，動機をもとに見通しを持った取り組みができるようになる。目標を持ったり集団での役割や課題について考えたりしながら，社会性の中で自己を見出せるようになる。「考える」という行為について，この頃の子どもの思考力の発達にとって重要な役割を果たすのが「言葉」である。言葉は対人関係を構築するうえで，大切なコミュニケーションの道具となる。もう1つの重要な機能は，自分の考えや行為の方向づけを調整する機能として言葉を使うようになることである。つまり頭の中で考えていることについて，言葉を使って置き換えるようになる時期である。ヴィゴツキーはこれを「**内言**」と呼び，　内言

言葉が内的な記号（内言）として思考を媒介することは，学齢期の前段階として自己中心的な考えから社会性を自覚していくための重要なプロセスの1つであるとしている[4]。

　また，子どもの思考力が発達する過程に，言葉の意味の体系化がある。ヴィゴツキーはこの言葉の意味を「**概念**」と定義して，この時期の子ど　概念

もは，言葉の概念を体系化して捉えようとする，概念的思考の芽生えの時期であるとした。子どもは「なぜだろう」「どうしてだろう」と考えはじめる知的好奇心によって，言葉の意味を知ろうとする。さまざまな環境の中で，子どもは経験の積み重ねから，思考する力を導き出していくのである[5]。

（2）　さまざまな環境への思考と学び

1）自然・事象に興味・関心を持つ

　自然・事象と一口に言っても，その範囲は多岐にわたっている。その中で，子どもにとってわかりやすい自然として，**四季**をあげることがで　四季

きる。夏に経験する強い日射しと流れる汗，セミの鳴き声，草いきれの

におい，木々の緑，昆虫を手に持った感触，朝の澄んだ空気。冬には頬に当たる冷たい風や，寒さでこごえる指先や耳の感覚，雪や氷の痛い感触，暖かいたき火のにおいとはぜる音など。春や秋にも自然を感じる機会がたくさんある。春夏秋冬の季節と移り変わり，それぞれの事象を経験することは子どもにとって貴重な記憶となって刻まれていく。気候風土による自然の事象は子どもの五感に強く働きかけ，服装や食べ物，周囲の様子や行事など，さまざまな生活の場面でそれを実感することができる。それは，やがて自然に対する**好奇心**や**探究心**，さらには**思考することへの動機**となるのである。現代の暮らしの中では，それらの貴重な経験の機会が次第に少なくなっている。外気温を感じない空調の整った部屋で1日中過ごすことが多くなり，季節感を感じることが少ない合理的で，便利な生活が中心になりつつある。このような環境の中で成長する子どもへの影響が心配される。

好奇心
探究心
思考することへの動機

┌─ ❦ **事例②** ❦ ─

お泊まり保育で経験した貴重な自然（5歳児）

　保育所の友だちと一緒にお泊まり保育を経験する5歳児は，湖に面した家で夜を過ごすことになった。部屋で遊んでいた子どもたちは，遠くのほうで聞こえる聞き慣れない音に気づいた。

　「カミナリかな？」子どもたちは口ぐちに言い合っている。そのうち1人が縁側に出て湖面に映る光を見つけた。夜の雲間から閃光（せんこう）が走り，続いて聞こえる異様な音。それが近づいて大きくなると，子どもの表情は一変して心細げに肩を寄せ合った。土砂降りの雨の音に身をすくめた後，外に出てみると雨上がりの星空を見ることができた。この時の経験は子どもたちの記憶に深く刻まれたようで，保育所に帰ってから絵を描いたり家族に話したり本で調べたり，自然への興味は尽きなかった。

2）試すことで物の性質や仕組みを知る

　子どもは，幼稚園や保育所でのいろいろな経験を通して，物の性質や仕組みを体験的に知るようになる。**知的好奇心**がきっかけとなって興味が継続することもあれば，試すことによって小さな発見を積み重ねた結果，達成感を得られることもある。その過程では道具の使い方，素材の性質や仕組みなどについて，体験を通して感覚的に理解することが多い。

　たとえば，**肥後守**（ひごのかみ）を繰り返し使うことで，刃の当て方や手の添え方などが，自然にできるようになる。のりやテープ，クレヨン，色鉛筆など，

知的好奇心

肥後守
簡易折りたたみ式ナイフ。

道具の特性を理解したり用途によって使い分けたりできるようになる。もちろん最初から上手に使えるわけではない。失敗はつきものだが，年上の子どもが使いこなしているのを見たり，保育者から使い方を教わったりしながら，次第に上手に使えるようになる。また，具体的な体験は，生活を通して感覚的に理解することのほかに，法則性や仕組みを理解する**抽象的な思考力**を育てるための基礎となる。ここでも，「試す」ことによって好奇心というエネルギーが増幅され，子どもの思考する力が活発になるのである。

抽象的な思考力

🌱 **事例③** 🌱

子どものつぶやきを大切にして（6歳児）

　プール遊びをしていた子どもが，沈めたおはじきをいくつ拾ったか競争している。そのうち保育者がプラスチックのおはじきを入れたが，沈まないのでおもしろくない。子どもはなんとかして沈めようとするが浮いてしまう。ある日，その出来事を覚えていた1人が，金魚の水槽におはじきや石を落としてみて，浮くものや沈むものでも速さが違うことに気づいた。

　保育者は，「なんで違うんじゃろ……」という子どもの一言を大切にしたいと考え，金魚を移動させていろんなものを沈めたり浮かせたりし，また子ども自身も試していた。

　雨や雪や風といった自然の気象的な事象，または水が凍って氷や雪になったり熱することで蒸気になったりする科学的な事象，さらに浮力や揚力，重力といった物理的な事象など，**自然の事象**は日常の中で当たり前のように経験することができる。

自然の事象

　子どもはいろいろな場面でそれらの事象を目の当たりにして，疑問を感じたり興味を持ったりするようになる。そのような動機は，「試す」という行為によって工夫や気づきを積み重ね，やがて見通しや予測した遊びの発展につながるようになる。

　ここで大切なことは，子どもが実際の体験を積み重ねる**力強い思考**を身につけることであり，子どもの興味・関心を保障する保育場面や，行為の意味をくみとることができる保育者の存在が重要であるといえる。

力強い思考

2 思考力の芽生えを育む環境

　子どもは，成長する過程において，さまざまな環境と関わるようになる。それらのものに興味や関心を持つことは，やがて好奇心や動機となり，さらに観察したりさわってみたり，試したりする。それは思考力の入り口であり，体験をすることによって**環境の法則性や関連性**に気づくようになるのである。では，どのような環境によって思考する力が育まれるのであろうか。以下の事例から読み解いていこう。

環境の法則性や関連性

（1）　自然体験を通して育む思考力

⚘ 事例④ ⚘

泥ダンゴ名人は誰？（5歳児）

　R児は幼稚園に来ると，まっさきに庭や砂場に直行する。園庭の泥をスコップですくい取るのが目的だ。細かい砂が入らないように，慎重にすくい取る姿は真剣そのもの。やがてほかの子が登園してきて，泥をすくう姿があちこちに見られるようになる。

　「こっちのドロの方が良いぞ」「また砂が入ったぁ，ちょっとずつだからむずかしいなぁ」と苦心している。R児は光沢のある泥ダンゴをつくるのが得意で，時間をかけて何度も砂をかける作業を繰り返している。いつもそばで見ていたK児が見よう見まねで，泥ダンゴをつくり始めた。

　次の日も泥ダンゴづくりを根気よく取り組んでいるうちに，K児の泥ダンゴが光り始め，顔が映るほどになった。「こんなん初めてやー」と周りにいた子どもが騒ぎ始め，保育者も見に来て「すごいねー」と声をかけてくれる。R児ものぞきこんで，「K子ちゃん，どうやったん？」と尋ねると，「わかれへん，気いついたらこうなってん」。

　彼女の一言に，子どもたちは「自分もつくれるかも」と意欲満々になり，泥が苦手な子たちもつくり始めたほど，K児のピカピカ泥ダンゴは魅力的だった。それからクラスの子どもたちは2ヵ月以上，泥ダンゴづくりに熱中した。

　水や土，砂などの自然物を使った遊びは，環境と関わることで思考力が発揮される。泥ダンゴを丸めるときに手で転がしたり持ち変えたりする動作は，なにげないように見えても，発達段階に応じた繰り返しによ

って経験的に習得されるものである。ドロドロの液体が乾くと固体になったり，つぶすと煙のような粉になるなど，**発見と創造と試行**の連続の中で，経験とともに思考力は積み重ねられていく。K児が偶然つくった泥ダンゴによって，子どもたちの思考する力は創造する意欲に支えられて，**自然物の特性や性質の興味**へと発展した。

発見と創造と試行

自然物の特性や性質の興味

（2） 人との関わりを通して育む思考力

❀ 事例⑤ ❀

コマまわしで遊ぶ（5，6歳児）

　お兄ちゃんがいるH児は，コマまわしを小さい頃から教わっているので上手だ。クラスの子どもたちは，H児がコマひもを巻いていく様子をじっと見ながら自分たちも巻くが，すぐにはうまくいかない。「できないから，やめた」と言って，違う遊びを始めてしまう子もいる。「ひものダンゴで留めて，くるっとひっくり返して」「お姉さん指でひもを持ってこっちの手に持つんだよ」。

　ひも巻きから繰り返し練習するのは，かなり根気が必要だが，毎日H児が教えてくれるおかげで，次第にまわせるようになる子どもが増えてきた。

　やがて途中でやめた子どもも「やりたい」と加わり，今度は教える先生役が増えた。そのうちコマをしまっておく箱を牛乳パックでつくったり，ベニヤ板に枠をつけてコマ台をつくったりした。また，コマまわしの難易度を決めて級を設定することで，各々が目標を持って取り組んだりした。このようにして，年末から始まったコマまわしは遊びを発展させながら，卒園間際まで続いた。

　上の事例では，子ども同士のコミュニケーションによって「考える」という行為が成り立ち，思考が促されている。H児は言葉で，自分の行為や考えを伝達しようとしている。コマまわしは体感的に覚える部分が多いので，習得するまでに時間がかかるが，H児の関わりと子ども同士の**試行の積み重ね**によって，達成感を味わうことができた。ほかの子どもたちも，その様子を観察することで興味を持ち，やがてまねしたり参加したり，互いに刺激し合いながら思考を広げていくようになった。さらにコマまわしから派生した遊びも，活発に展開している。

試行の積み重ね

　このように人との関わりによって子どもの思考が刺激され，それが動機となって思考する意欲を促す結果を導くことができたと考えられる。

（3） いろいろな素材を扱うことで育む思考力

事例⑥

お店をつくろう（4，5歳児）

　子どもが，部屋にある空き箱や空き容器を持ち寄ってお店の品物をつくっている。近くの商店街に見立ててお店ごっこをするようだ。「近くのお店にこんなのがあったよ」「お家にある空箱を持ってくるね」と，子ども同士で相談しながら遊びを発展させる。それを見ていたほかの子どもも，各々お店をつくりたいと言い出した。

　ハンバーガー屋さん，花屋さん，洋服屋さん，おもちゃ屋さんなど，それぞれが熱心につくり始めると，品物の材料がすぐになくなってしまった。家から持ってくる子や，園にある材料を探して使う子がいる中で，S児とT児は2人でジュースの自動販売機をつくることにした。「ペットボトルを集めて持って来よう」「ジュースの缶はどうやってつくろうかな」と，話し合いが続く。電気屋さんから大きな段ボール箱をもらってきて穴を開け，下から出るようにすると本物の自動販売機のようになった。子どもたちも「本物みたーい」と喜んでいる。保育者は，品物づくりが飽きないよう，「ほかのお店も手伝ってあげてね」と声をかけた。約2週間をかけてお店の品物は完成し，年少児をお客さんにしたごっこ遊びは大盛況だった。

　子どもはいろいろな素材を使うことによって，その**特性や多様性**に気づくようになる。1つの素材を，形を変えて取り入れていく過程には，柔軟な発想力があり，普段から素材に触れる機会をつくっておく必要がある。お店をつくるという取り組みは，日常的に材料や道具が身近にあり，その扱い方などに慣れ親しんでいることが前提になる。さらに保育者は，それぞれの取り組みが子ども相互の刺激となって工夫している姿に気づくであろう。このような姿の前段階として，人的なものや物的なもの，自然・事象をもとにした思考力の広がりや深まりを促すような**保育者の環境構成**や保育内容のねらい，発達の理解が重要となるのである。

特性や多様性

保育者の環境構成

【引用・参考文献】
1）H. ワロン『身体・自我・社会』浜田寿美男訳編，ミネルヴァ書房，1983年，pp. 81-82
2）前掲書1），pp. 203-204
3）L. S. ヴィゴツキー『思考と言語（上）』柴田義松訳，明治図書出版，1962年，pp. 62-73
4）中村和夫『ヴィゴーツキー心理学 完全読本』新読書社，2004年，p. 26
5）L. S. ヴィゴツキー『新児童心理学講義』柴田義松訳者代表，新読書社，2002年，pp. 162-163

お薦めの参考図書

① 秋田喜代美『保育の心もち 2.0 ―新たな窓をひらく』ひかりのくに，2021 年

② 河合隼雄『子どもと悪』岩波書店，1997 年

③ 中村和夫『ヴィゴーツキーに学ぶ子どもの想像と人格の発達』福村出版，2010 年

④ 石丸るみ・本吉圓子『先生ママみたい［第 2 版］―愛と信頼の保育を求めて』萌文書林，2014 年

ま と め

1　1〜2歳ごろの子どもは，歩行と言葉を獲得することによって，自己と他者・対象との関係性などについて深く思考するようになる。

2　3〜4歳ごろの子どもは，自己主張が芽生え，言葉を使いながら自立するための葛藤や対立を繰り返しながら，やがて目的や動機によって行動する思考力を身につけるようになる。

3　5〜6歳ごろの子どもは，社会性の中で「考える」行為によって自己を見出すようになり，知的好奇心を動機にした想像力と思考の広がりによって，言葉の意味を体系化して知ろうとするようになる。

4　自然の事象は，子どもの五感に強く働きかけ，服装や食べ物，周囲の様子など，さまざまな場面でそれを実感することで，思考することへの動機となる。

5　子どもは，「試す」ことによって物の性質や仕組みを知るための体験を積み重ねていく。そのため保育者は，子どもの興味・関心を保障するさまざまな保育場面を設定することが大切である。

6　子ども自らの「考える」という行為が思考力を促し，コミュニケーションによって互いに刺激し合いながら，遊びを活発に発展させることができる。

7　保育者は，子どもの発達段階に基づいた環境づくりと，思考を促すための関わりが必要である。

演 習 問 題

[1] 幼児期の記憶の中で，好奇心や探究心を経験した出来事を思い出してみよう。また，グループワークなどで話し合って，幼児期の思考の発達について考えよう。

[2] 身近な自然環境を考えるために，花・鳥・虫などさまざまな名前を出し合ってみよう。

[3] 保育者として子どもに自然を設定したり提供したりする環境について，四季や戸外，室内などさまざまなシチュエーションや場面を想定して考えてみよう。

第**5**章

好奇心・探究心を豊かに育む

1 好奇心・探究心の芽生え

（1） 子どものセンス・オブ・ワンダー

　子どもの頃を思い出してみてほしい。青空に浮かぶ白い雲が，さまざまに形を変えながらゆっくりと流れていくのを，飽きることなく眺めていた記憶はないだろうか。あるいは道端に咲いているタンポポの綿毛を見つけてはそばに駆け寄り，ふーっと息を吹いてその綿毛を飛ばすことに夢中になっていた記憶はないだろうか。あるいはまた，公園にある大きな桜の木の下で見つけたセミの抜け殻を，魅惑的な宝物としてそっと手のひらに包み込み，家まで持ち帰っていた記憶はないだろうか。

　このように子ども時代を振り返ってみると，大人になった今とでは，世界（外界）との関わり方がまったく異なっていることに気がつくだろう。ベンヤミン（W. Benjamin）は『1900年前後のベルリンにおける幼年時代』[1]の中で，みずからの子ども時代を回想しながら，このような世界とのみずみずしい交感の様子を繊細に描写している。

　　家の庭に，使われなくなって崩れ落ちそうな園亭があった。わたしがこの園亭を愛したのは，そこの色ガラスの窓のせいだった。そのなかに入り込んで，窓ガラスを一枚一枚なでるように見てゆくうちに，いつも私は姿を変えてしまうのだ。それぞれの窓にとらえられる風景と同じように，わたしは色に染まってゆく。あるときは明るく燃え上がり，あるときは暗く埃をかぶり，あるときはくすぶり，あるときは繁りあふれる風景に。それは水彩画をかくときに似ていた。わたしが水で溶いた絵具の雲のなかに事物をさっとすくい収めると，事物はたちまちその奥深い内部を開いてくれた。似たようなことはシャボン玉でも起こった。わたしはシャボン玉になって部屋のなかを旅し，半球の天井でた

わむれる七色に混じって遊び，そしてついに砕け飛ぶのだった。

　このような自分を取り巻く世界の美しさや神秘さ，不思議さに驚嘆する感性のことを，『沈黙の春』の著者として有名な**カーソン（R. Carson）**は「**センス・オブ・ワンダー**（sense of wonder）」とよんでいる。本章では，カーソンの唱えるセンス・オブ・ワンダーを子どもの好奇心・探究心の源泉ととらえ，これらを豊かに育むための保育のあり方について考えていきたい。

（2）　対象中心性を生きる子ども

　カーソンは『センス・オブ・ワンダー』[2)]の中で次のように述べている。

> 　子どもたちの世界は，いつも生き生きとして新鮮で美しく，驚きと感激にみちあふれています。残念なことに，わたしたちの多くは大人になるまえに澄みきった洞察力や，美しいもの，畏敬すべきものへの直感力をにぶらせ，あるときは全く失ってしまいます。

　子どもの頃には誰にでもそなわっていたセンス・オブ・ワンダーは，なぜ大人になるにつれて失われてしまうのだろうか。ここでは**シャハテル**（E. G. Schachtel）の発達段階理論を通して，その理由を探ってみよう。シャハテルは人間の発達過程を**主体と客体との関係**からとらえ，**第1次自分中心性**（primary autocentricity），**対象中心性**（allocentricity），**第2次自分中心性**（secondary autocentricity）の3つの段階に区分している[3)]。

　まず，胎児から生後6ヵ月くらいまでの乳児は，自分と母親を一体のものと感じる母子一体性の世界に生きており，主体と客体が未分化な状態にある。この**主客未分**の状態で主に働いている感覚は，味覚・嗅覚・触覚といった近感覚であり，視覚や聴覚といった遠感覚はまだ十分には働いていない。しかしシャハテルによると，近感覚だけでは客体の全貌をとらえることはむずかしい。たとえば味覚を取り上げてみると，おいしいとかまずい，甘いとか苦いというのは，客体が自分にとってもつ意味を示しているのであって，客体それ自体の構造（どのような色・形をしているかなど）を教えるものではない。そのため主客未分の状態で働く

（右欄注記）
カーソン（R. Carson）
センス・オブ・ワンダー

シャハテル
　（E. G. Schachtel）

主体と客体との関係
第1次自分中心性
対象中心性
第2次自分中心性

主客未分

近感覚でもって構成される世界は，多分に自分中心的に構成された世界であるといえよう。シャハテルはこのような段階を第1次自分中心性と名づけた。この第1次自分中心性の段階において，あらゆる客体は，自分の欲求を満たすか否か，自分にとって快感を与えるか不快感を与えるかという観点からとらえられるにすぎない。

　ところが生後6ヵ月を過ぎ，客体を自分と分離したものとして認識し始めるようになり，遠感覚の働きも大きくなっていくにつれて，しだいに客体それ自体に対する関心がめざめてくる。シャハテルが対象中心性と名づけた段階である。この対象中心性の段階において，あらゆる客体は，自分の欲求を満たすかどうか，自分にとって快であるか不快であるかといった自分中心的な観点からではなく，客体それ自体への純粋な関心からとらえられる。カーソンが述べるように，子どもたちの世界がいつも生き生きとして新鮮で美しく，驚きと感動に満ちあふれているのは，子どもは世界を，自分の利害から離れて，純粋な関心から眺めることができるからだろう。シャハテルによると，このような**客体への純粋な関心**は，思春期くらいにおいて頂点に達する。

客体への純粋な関心

　思春期以降，大人になるにしたがい，**客体を利用し操作する関心**が現われてくる。自分の欲求を満たすためにはどうすればよいかという自分中心的な観点から客体をとらえているという点で，これは最初の段階と似ており，シャハテルはこのような段階を第2次自分中心性と名づけている。この第2次自分中心性の段階において，あらゆる客体は，主体の用途に応じてラベルを貼られ分類される。子どもの頃，不思議な気持ちで眺めていた雲は，雨を降らせる「水滴の集まり」となり，魅惑的な宝物だったセミの抜け殻は，大人には必要のない「ごみ」や「がらくた」となる。大人になった私たちには，もはや客体への純粋な関心は失われ，世界はもっぱら自分が利用し，操作するための道具的な観点から眺められるのである。

客体を利用し操作する
関心

　ところで上述の2つの自分中心性に共通しているのは，**未知のものへの防衛**の態度である。すなわち，第1次自分中心性の段階では，母子一体性の世界を壊すものに対する防衛的態度があり，自分にとって未知のもの，慣れ親しんでいないものは恐れの対象として回避される。同様に，

未知のものへの防衛

第2次自分中心性の段階では，大人社会の安定した秩序を乱すものに対する防衛的態度があり，未知のもの，新しいものは拒絶されるか，あるいは既知のカテゴリーの中に組み込まれてしまう。

　しかし，2つの自分中心性の間にはさまれた対象中心性の段階においては，**未知のものへの興味**が強くなり，主体は世界へ向けて開かれる。そしてこのような対象中心性の段階において，主体ははじめて客体を部分的にではなく，全体的にとらえることができる。全体的にとらえるというのは，客体の利用可能な一側面を超えて，客体それ自体へ注意を集中することである。その結果，主体は客体とあたかも一体となるように，客体の中へ溶け込むのである。冒頭にあげた子どもの頃の体験はみな，このように子どもが世界のさまざまな対象に溶け込んだときの記憶であるといえよう。子どもはタンポポの綿毛となって風に舞い，色ガラスに染まって燃え上がるのである。

未知のものへの興味

2　好奇心・探究心を育むために

（1）　子どもに寄り添う保育者

　センス・オブ・ワンダーは，対象中心性を生きる子どもに特有の感性であり，第2次自分中心性が優勢となる大人へと近づくにつれて失われてしまう。しかしカーソンは，大人になった私たちへ次のようによびかける。

> 　子どもといっしょに自然を探検するということは，まわりにあるすべてのものに対するあなた自身の感受性にみがきをかけるということです。それは，しばらくつかっていなかった感覚の回路をひらくこと，つまり，あなたの目，耳，鼻，指先のつかいかたをもう一度学び直すことなのです[4]。

　ここで再び，シャハテルの理論に戻ってみよう。先にみたように，シャハテルは人間の発達過程を3段階に区分した。彼によると，これら3つの段階は，1つの段階が終わると次の段階が現れるのではなく，1つ

の段階の上に次の段階が積み重ねられていくのだという。そうだとすると，第2次自分中心性を生きる私たち大人は，それ以前の性向をすべて失ってしまったのではなく，その深層には第1次自分中心性も対象中心性も保ち続けているということになるだろう。カーソンは，その深層に眠らされている対象中心性を再び甦（よみがえ）らせるように，私たちによびかけているのだ。その方法は，子どもに寄り添いながら，子どもに共感し，子どもの目（あるいはその他の五感）を通して世界を眺めることである。そうして自分の目を子どもの目に重ねることではじめて，それまで見えなかったものが，再び見え始めてくるのである。

　したがって，大人とは子どもを養護・教育する存在であると同時に，**子どもから学ぶ**存在なのである。そして，子どもから学ぶということを念頭に置いたとき，大人が子どもたちの驚きや感動を言語化したり，子どもたちの発見に説明を加えたりしていることが，いかに子どもたちの物の見方や感じ方を破壊しているかということに，あらためて気づかされるだろう。

子どもから学ぶ

　しかし，大人は子どもの世界を破壊する存在であるだけではない。カーソンはさらに次のように述べている。

> 　生まれつきそなわっている子どもの『センス・オブ・ワンダー』をいつも新鮮にたもちつづけるためには，わたしたちが住んでいる世界のよろこび，感激，神秘などを子どもといっしょに再発見し，感動を分かち合ってくれる大人が，すくなくともひとり，そばにいる必要があります[5]。

　大人が子どもへ関わるとき，そこには子どもの世界を破壊するマイナスの方向と，**子どもの世界を深化する**プラスの方向がある。子どもに寄り添う保育者とは，子どもに寄り添うことで保育者みずからの感性を豊かに甦らせるとともに，子どもに寄り添うことでその子どもの感性をさらに深化させる保育者でなければならない。このような「子どもの目」と「（プラスの方向の）大人の目」の両方をそなえているところに，保育者の専門性があるのだといえよう。

子どもの世界を深化する

（2）　保育者の関わりによる子どもの世界の深化

　それでは，センス・オブ・ワンダーを源泉とする子どもの好奇心・探
究心を豊かにしていくためには，保育者は子どもたちとどのように関わ
ればよいのだろうか。実際の保育現場の事例をもとに考えてみよう。

❦ 事例① ❦

ダンゴムシさん，かくれんぼしてるの？（3，4歳児）

　入園・進級当初，不安と緊張の中，心を閉ざした子どもたちに対し，まずなにか心に留まるものをと，
保育者はこんなことを話題に出した。「今日，先生ね，お庭でダンゴムシ見たよ。チューリップのお花の土
のところを歩いてた」と話しかけると，泣きそうな子，落ち着かない子，心ここにあらずの子たちも，ふ
とこちらを向いて話の続きを聞きたそうにしてきた。「知ってる……，ぼくも見た。1人で歩いてた」とA
児。そこで保育者が「1人でダンゴムシさん何してたんだろうね。お友だちいないのかな？　ちょっとみ
んなでほかのダンゴムシさん探しに行こう」と誘うと，たちまちクラスのみんなが《よし！》と言わんば
かりに園庭に向かった。子どもたちはチューリップの花壇の辺りや草の陰などを一生懸命に探し始める。
「先生，いた！」「植木鉢の下に隠れてた！」「あっ，丸くなった」「ダンゴムシさん，かくれんぼしてたん
や！」……とさっきまで無表情の子もダンゴムシに夢中になっていた。泣きそうだったB児もいつのまに
か，「ダンゴムシさん，みーつけた！」とまるで自分もダンゴムシの仲間のように話しかけて目を輝かせ
ている。

（事例協力：梅花幼稚園園長　上田規容子）

　これまでにみてきたように，子どもの世界はいつも生き生きとして新
鮮で美しく，驚きと感動に満ちあふれている。ダンゴムシやテントウム
シなどの**小さな生き物**，シロツメクサやタンポポなどの**小さな草花**，土
や石などの**自然物**，風や雨，光や影などの**自然現象**，割り箸や牛乳パッ
ク，空き缶などの**廃材**といった大人にとっては取るに足らないようにみ
えるものすべてが，子どもにとっては興味・関心の対象となっていく。

　しかし都市化・情報化・人工化がますます進行しつつある今日，自然
環境はどんどん減少し，戸外で遊ぶ子どもたちの姿はほとんど見られな
くなっている。子どもたちは，室内で自分のためだけに買い与えられた
玩具に囲まれて過ごし，直接に自然に触れることなく図鑑やテレビの中
で自然を知っていく。泥にさわったことのない子ども，草花のにおいを
嗅いだことのない子ども，ダンゴムシやテントウムシを捕まえたことの

小さな生き物
小さな草花
自然物
自然現象
廃材

ない子どもも少なくないだろう。自分たちの身近なところに好奇心・探究心がめばえるような多くのもの・ことがあるにも関わらず，子どもたちはそれらに気づかずに通り過ぎているのである。

　そこで保育所や幼稚園等では，身近な自然や身近な素材へ子どもの興味・関心が向かうよう，保育者が意図的に子どもたちに働きかけることが重要になってくる。事例①では，**保育者の働きかけ**によって，子どもたちの関心がダンゴムシへと開かれている。ダンゴムシを見つけた子どもたちは，口々にその感動を保育者に伝えているが，そこで保育者はみずからのイメージや知識を子どもに押しつけることなく，子どもの驚きや感動に共感していくことが大切である。そのような保育者の姿勢から，「ダンゴムシがかくれんぼをしている」という子どもの豊かな想像が生まれてくるのである。また驚きや感動を受け入れ合う**友だちの存在**は，子どもの興味・関心をさらに深め，広げることになるだろう。

保育者の働きかけ

友だちの存在

事例②

ぼくもわたしもダンゴムシ（3，4歳児）

　次の日も，また次の日も，子どもたちはダンゴムシを園庭に探しに行くが，捕まえてきたダンゴムシはその生活の場がなければ死んでしまう。そこで保育者は大きなタライを用意し，そこへ子どもたちと一緒に土を入れ，「ほかに何がいる？」「石，枯れた葉っぱ」「花びら」などと話をしながら《ダンゴムシのお家》をつくった。捕まえてきたダンゴムシを自分たちのつくったお家へ入れ，興味深く見入っている子どもたち。さわれないけれどお家の中のダンゴムシを見ている子もいる。「これ，お父さんだよ」と友だちに教えている子もいる。保育者が「なんでお父さん？」と尋ねると，「からだ大きいもん。隠れるのも上手だし」とC児。ほかの子たちもそれには納得の様子。

　子どもの特性は体で表現することで自己の思いを語れること。保育者がかくれんぼしているダンゴムシのことをクラスの子どもたちに話すと，どの子も共通理解しているようでここ数日の個々の経験を積極的に話し出す。そこで保育室を《ダンゴムシのお家》に見立てて，みんなでダンゴムシになってみた。枯れ葉の下にもぐってじっとしている子，草の陰に隠れて丸くなっている子……。土にもぐっていると言ってじっと丸くなっているD児のダンゴムシに保育者が近づき，「この辺りの土の中にいるのかな？」と土を掘る格好をすると，ゴソゴソはい出すD児。その様子を見ていたE児が「あ！　出てきた！」と歓声をあげる。E児が捕まえにいくと，ダンゴムシのD児はまた丸くなってじっとしている。「捕まるの嫌なんだよ」とF児。「そうなんだー。それで土の中に隠れてたのね」と保育者。

（事例協力：梅花幼稚園園長　上田規容子）

事例②では，子どもたちは，自分たちが見つけたり捕まえたりしたダンゴムシを体で表現することを通して，さらにダンゴムシへの共感を深めている。このように保育者は，子どもの驚きや感動をそのままにしないで，音楽や身体で表したり，物をつくったり，絵に描いたりして，**表現の世界に移していく**ことが大切である。保育者の読む絵本や物語によって想像をふくらませながら，音やリズム，身体の動き，色や形など，あらゆる方法を用いて表現していく過程が，不思議だとかきれい，おもしろいといった子どもの最初の感じ方を，より多角度に深化させていくことになるのである。

表現の世界に移していく

❀ 事例③ ❀

大根さんには小さなくちびるがいっぱい（5，6歳児）[6]

　ある年，夏大根を育てていた年長組。水やりを忘れていたので保育者が促した。子どもたちは気がついてみんなでバケツに水を汲んで撒きに行く。一通り撒き終わった段階で保育者がみんなにきいた。「ねえ，みんな，みんなは毎日大根さんに水をあげているけど，どうして大根さんに水をあげないといけないの？」「だって，水あげないと大根さん，のどが渇くよ」「そうか，じゃあ，大根さんはみんながあげた水を土の中でのんでいるんだ」「そうだよ，先生知らなかったの？」「そうかあ。じゃあきくけど，大根さんはみんながあげた水を土の中でどんな風にして飲んでいるの？」「……？」

　ここから議論が始まった。あれこれ言いあった末，みんなが考えだして一通り合意した説は次のようなものだった。「あのね，大根さんは土の中に，目に見えないくらいの小さなくちびるを一杯持っていてね，それでチューチューと水を吸っているの」「へぇー，そうか！　大根さんは目に見えないくらいの小さなくちびるを一杯持っていて，それで水をチューチュー吸っているのか。そう思う人？」「はーい！」「そうか，大根さんは土の中に小さなくちびるを一杯持っているのかぁ。そうかぁ」。

　子どもの好奇心・探究心を豊かにするということは，それをそのまま科学的な知へ直結させることではない。カーソンは「知る」ことは「感じる」ことの半分も重要ではないとし，次のように述べている。

　子どもたちがであう事実のひとつひとつが，やがて知識や知恵を生みだす種子だとしたら，さまざまな情緒やゆたかな感受性は，この種子をはぐくむ肥沃な土壌です。幼い子ども時代は，この土壌を耕すときです。（中略）消化する能力がまだそなわっていない子どもに，事実をうのみにさせるよりも，むしろ子どもが知りたがるような道を切りひらいてやることのほうがどんなにたいせつ

であるかわかりません[7]。

　事例③では，保育者は，子どもたちに問い（大根は土の中で水をどのように飲んでいるのか？）を投げかけてはいるが，その問いに対して科学的な説明を与えることはしていない。その結果，子どもたちは自分たちで話し合った末に，「大根には土の中に小さなくちびるがいっぱいある」という結論に到達している。カーソンが「知る」ことと「感じる」ことを区別しているように，対象を認識するためには，対象を外側から分析する方法と**対象の内側に入り込む**方法がある[8]。つまり事例の子どもたちは，大根を外側から分析しているのではなく，大根の内側に入り込んで，大根に共感し，大根が小さなくちびるいっぱいで，水をおいしそうに吸っていることを感じ取っているのだ。それは対象を外側からみる科学的な知からすれば空想の世界かもしれないが，しかし科学的な知においても最初のインスピレーションは，この「感じる」ことから始まる。

対象の内側に入り込む

　このように子ども時代は，「知る」という種子が育つための**「感じる」土壌を耕す**時期であり，その「感じる」土壌を子どもと一緒に耕していくことが保育者の役割だといえよう。

「感じる」土壌を耕す

【引用・参考文献】
1）W. ベンヤミン「1900 年前後のベルリンにおける幼年時代」『ベルリンの幼年時代（ヴァルター・ベンヤミン著作集 12）』小寺昭次郎編集解説，晶文社，1971 年，p.54
2）R. カーソン『センス・オブ・ワンダー』上遠恵子訳，新潮社，1996 年，p.23
3）E. G. Schachtel, *Metamorphosis: On the Development of Affect, Perception, Attention and Memory.* Basic Books, 1959. なお，シャハテルの発達段階理論については，作田啓一「自己と外界―自己境界の拡大と溶解」「青年期の感性」『三次元の人間―生成の思想を語る』行路社，1995 年を参照
4）前掲書2），p.28
5）前掲書2），pp.23-24
6）汐見稔幸「生涯消えることのない〈センス・オブ・ワンダー〉を育むために」『研究子どもの文化』No.12，子どもの文化研究所，2010 年，p.17
7）前掲書2），pp.24-26
8）認識の2つの方法については，H. ベルグソン「形而上学入門」『思想と動くもの（ベルグソン全集7）』矢内原伊作訳，白水社，2001 年を参照

お薦めの参考図書

① R. カーソン『センス・オブ・ワンダー』上遠恵子訳，新潮社，1996 年，（新潮文庫，2021 年）
② 北原和子（聞き書き：塩野米松）『いなほ保育園の十二ヶ月』岩波書店，2009 年
③ 斉藤道子『里山っ子が行く！―木更津社会館保育園の挑戦』農山漁村文化協会，2009 年

ま と め

1 自分を取り巻く世界の美しさや神秘さ，不思議さに驚嘆する感性のことを，カーソンはセンス・オブ・ワンダーとよぶ。

2 センス・オブ・ワンダーは子どもの好奇心・探究心の源泉であり，子どもの頃には誰にでもそなわっているが，大人になるにつれて失われてしまう。

3 その理由は，シャハテルの発達段階理論によると，子どもの頃には客体を純粋な関心からとらえることができるのに対し，大人になるにつれて客体を利用し操作する関心からしかとらえられなくなるからである。

4 しかし，子どもに寄り添いながら，子どもの目を通して世界を眺めることで，大人になった私たちも再びセンス・オブ・ワンダーを甦らせることができる。

5 保育者は，子どもに寄り添うことでみずからの感性を甦らせるとともに，子どもに寄り添うことで子どもの感性をさらに深化させる存在でなければならない。

6 子どもの感性を深化させ，子どもの好奇心・探究心を豊かにしていくには，子どもが身近な環境に興味・関心を抱くような保育者の働きかけ，子どもの興味・関心を共有し合う友だちの存在が必要である。

7 保育者は，子どもの好奇心・探究心を，そのまま科学的な知へ直結させて考えてはいけない。まずは対象の内側に入り込んで「感じる」こと，対象への「共感」の土壌を耕すことが，子ども時代には大切である。そのためには，子どもが抱いた原初の感情を表現活動へ高めていく試みが重要となる。

演 習 問 題

[1] みずからの子ども時代を，センス・オブ・ワンダーに着目しながら，思い出してみよう。

[2] 五感（視覚・聴覚・嗅覚・味覚・触覚）を用いながら，園内の自然を味わってみよう。

第6章

身近な生活の中での関わりと指導

1　身近な生活の中で

（1）　園という集団生活の場での人との関わりを通して

　身近な人との関わりは，人格の基礎を培う時期といわれる乳幼児期にとって大変大切なものである。園では，1人ひとり違った家庭環境で育つ子どもたちを**集団生活**の中で友だちや保育者との関わりを持たせながら，社会の一員として成長・発達していくよう指導していかなくてはならないのである。

集団生活

　倉橋惣三は，子どもの情動について著書の中で「子どもは**心もち**に活きている。その心もちをくんでくれる人。その心もちに触れてくれる人だけが，子どもにとって，ありがたい人，うれしい人である」「心もちは心もちである。その原因，理由とは別のことである。ましてや，その結果とは切り離されることである」[1]と述べている。

倉橋惣三
心もち

　子どもは，年齢が低ければ低いほど自分の興味・関心のおも向くままに行動を起こす。まずは，1人ひとりの気持ちにそっと寄り添っていきたいものである。そして，ともに園生活を送りながら，保育者や友だちの存在に気づかせ，集団生活の中で1人ひとりを自立させていくよう導きたいものである。

（2）　心の育ちと環境

　ある園でのサツマイモ掘り（保育行事）のときのエピソードを紹介する。

　集団生活の中で**多くの人と関わる**ようになると，いろいろなことに気づくようになる。子どもの生活に幅や深さを持たせるには，**創造力**を育んでいくよう指導していくことが大切である。保育者の一言で創造力を

多くの人と関わる

創造力

膨らませ，自分の言葉で精一杯表現する。そのようなやりとりができる

生活の場が今必要とされているのではないだろうか。

生活の場

⚘ 事例① ⚘

関わることで気づく（4，5歳児）

　イモ掘り当日の朝，事前に「てるてる坊主」をつくって準備していた子どもたち。願いが叶ったのか天気予報はくもりとなっていたが，空にはお日さまが。子どもたちは長靴，イモを入れる袋，スコップなど準備万端で登園した。みんなが集まるまでの朝の時間の遊びは『イモ掘りごっこ』。「見て見て，こんなに掘れるよ」「おイモ掘りの練習よ」とやる気満々の子どもたち。

　ところが，徐々に雲行きが怪しくなり始め，出発の時間になるとポツポツと雨が降ってきた。これではイモ掘りは中止にせざるを得ない。やむなく子どもたちに中止を伝えると，「帽子かぶっとるけー大丈夫よ」「カサ差してすればいいじゃん」。最後には「先生の嘘つき」発言。しかし，雨の中，子どもたちを連れていくことはできない。子どもたちが納得しようとするまいと中止するしかない。

　納得できない子どもたちに保育者は，「今日は雨が降っていけなかったけどいいこともあったね。今日雨が降って少しイモ掘りを遅くしたから，おイモが少し大きくなっているかも」と話したのだ。すると，子どもたちは口ぐちに「イモ掘りの途中で雨が降ってきたら，みんなずぶぬれになってたいへんだったから雨にぬれなくてよかった」「おイモさん大きくなるの楽しみ」「てるてる坊主さん僕たちを守ってくれたんだ」。

---

2 保育の中での環境づくり

　幼稚園教育要領 第2章「ねらい及び内容」の，「環境」には「周囲の様々な環境に好奇心や探究心を持って関わり，それらを生活に取り入れていこうとする力を養う」[2]と述べられている。

　子どもが周囲のさまざまな環境に好奇心や探究心をもって関わるのは，年齢が低ければ低いほど単純で，園庭が広いか，自然が身近にあるかはどちらかというとあまり意識していない。行動範囲が狭く，自分の身体を自由に動かすだけの器用さを備えていないからである。乳幼児の興味・関心は自分の行動に対して他者がどのように反応してくれるかが中心なのである。そこで大切なのは**保育者の存在**である。人的環境としての保育者の細かな心遣いや気配りが，子ども自らが関わったものを生活

保育者の存在

に取り入れていこうとする力を養っていくきっかけとなるのである。

（1） 数との関わり

　数という意識を持たないで数に触れるのは，自分の年齢ではないだろうか。言葉が話せるようになると他者から「いくつ？」と尋ねられることが増える。保護者以外の大人との会話の中で出てくるのは「こんにちは」の挨拶，「名前はなんていうの？」「歳はいくつですか？」である。「歳はいくつ」に対して言葉だけではなく自分の指を出して答えるのは，大人が指で示す「1」という手本によってまねをする行為からくるものであるが，「イチ」という言葉と指で表す「1」が1対1対応のきっかけともなっているように考えられる。板津裕己は子どもの「**行動性**」を「子どもは頭の中で数を考えるのではなく，体で考えるという傾向にある」[3]と述べている。食事をする時のスプーンや茶碗の数，遊ぶ時のおもちゃの数など，生活の中で必要な物に十分関わることが数の概念獲得へのきっかけとなる[4]。

行動性

（2） 数や文字に対する感覚を豊かにする

　身近な事象や事物を見たり，考えたり，扱ったりする中で数量・文字についての感覚を豊かにすることが「ねらい」とされている。このとき，子どもの行動性を考慮して自分で関わりを持たせることが大切になってくる。たとえば，1対1対応を頭の中で考えさせることはむずかしいとしても，自分と自分の持ち物での1対1対応は可能となる。昼食時間の茶碗，コップ，エプロンなどの準備は，数字の感覚を豊かにする前段階となる。そして「他者」の存在にも意識が向き始める4，5歳頃には，「○○組の今日のお休みは△人です」と職員室に知らせに行く当番活動や，「□□班は赤い折り紙が△枚いります」と保育者に伝える班活動などで，1以上の数を意識させることも可能となる。

　文字に対する感覚も同様で，園生活の中で必要感を持たせながら養っていく。文字がまだよく理解できない2，3歳の頃は，自分の持ち物を置く棚や靴箱には，わかりやすく同じマークのシールが貼ってあったりする。4，5歳になり少しずつ文字に興味を示し始めると，名前を書い

たシールが貼られるようになる。毎日のように呼ばれる自分の名前や友だちの名前がどのような形で表されているか知ることは，**文字感覚**を養うきっかけとなる。毎日の保育活動では，保育者が歌の歌詞を書いたものを保育室に貼ったり，子どもの描いた絵について話を聞き，それを文字にして絵の裏に書きとめたりすることがある。まずは文字を見て保育者や友だちと一緒に読んだりすることで感覚を豊かにしていくことがこの時期には大切なのである。

文字感覚

（3）　時間との関わり

　時間は子どもと社会を結びつけていく役割をする環境の1つであるといえる。園生活の中で子どもたちが時間を意識するのは，登降園，一斉保育のはじまり，片づけ，昼食，昼寝，おやつなど，集団行動に結びつくものが大半を占めている。子どもが自分で時間を見て行動できるようになるのは5歳くらいだと思われるが，少しずつ意識させていきたいものである。

　時間を確認させるときに注意することは，「時間＝数字が子どもには認識しにくいこと」である。「あと何分したら片づけましょう」と声かけをしたのでは理解できない。**空間と現実**がまだ意識できないからである。

空間と現実

　「短い針が12，長い針が6のところになったら片づけましょう」と数字を示しながら話して聞かせることで数字と言葉が一致し，自ら行動に移せるようになる。保育室の環境として準備する必要があるのは，時間だけを数字で表すデジタル時計ではなく，時間の間を感じることができるアナログ時計なのである[5]。

　『とけいのうた』にみられる「おとなのはりと　こどものはりと　こんにちは　さようなら」[6]の歌詞は，子どもの生活時間を十分に意識しているものになるのではなかろうか。

（4）　日　　付

　○月○日○曜日は，「なぜそうなるか」という天文学的なことではなく，今日は何の日という感覚的なことから意識できてくる。入園式・誕生

日・遠足・衣替え・水遊び・盆休み・運動会・収穫祭など，自分が関わる出来事や園行事を通して日付の感覚が養われる。

　多くの幼稚園や保育所等では，自分の連絡帳に自分で今日の月日のところにシールを貼るというのが日課である。保育者が準備した日めくりと同じ形のものが示してある連絡帳の月日を確認してシールを貼る。この行為は時計同様，生活の中で数字が使われていることに気づく瞬間である。行事だけでなく，毎日の生活体験をクラスで取り上げることで感覚を養うこともできる。次に保育中のエピソードをあげてみる。

✿ 事例② ✿

○月○日　今日は何の日（5，6歳児）

　ある園の年長組の取り組みで，園庭にいたチョウの幼虫をクラスで育てることにしたときのこと。保育者が，幼虫の様子を日記にし，保育室に飾っていた。子どもたちは毎日，幼虫が変化する様子と変化した後の様子をあわせて見ることができた。ある日の朝，ちょうど羽化しようとするときに子どもたちが登園してきた。「わぁー動いてる」「ほんと！　どこどこ」「静かに！」としばらく見た後に，子どもの1人が自分の自由帳とクレヨンを持ってきて，サナギからチョウが出ようとする様子を描き始めた。できあがった絵には，○つき○にちと日付も書き込んでいた。

　このクラスでは，『楽しかったこと』『嬉しかったこと』などを自由に描き，それをクラスのポストに入れておく。それを朝の会（当番活動「今日は○月○日○曜日です　お休みは○○さんです」）でみんなの前で話をする時間を設けている。

　毎日の園生活において五感（見る，聞く，話す，さわる，嗅ぐ）を働かせることが，子どもの自発的な行動に結びつく。日付は単に「今日は何をする日」というだけではなく，生物の成長や季節の移り変わりに気づくきっかけともなる。保育者の指導は，目の前ですぐ結果が出るものではない。子どもたちが毎日の生活を通してさまざまなことに興味・関心を示し，自ら関わり，生活を展開していけるよう時間をかけて丁寧に指導していきたいものである。

（5）　量との関わり

　子どもは自分の目で見たものや感じたものを正確な数や量で表すのではなく，感じたままを自分の言葉で表現しようとする。3歳児が『かけ

っこ』をすると，たくさん走ったことを「いっぱい走った」と話す。何メートル走ったかではなく，自分がどれだけ走ったかを自分のイメージで説明しているのだ。「いっぱい」という言葉は**満足感**や**達成感**を表現しており，ほかの場面でも頻繁に使われる。「ご飯いっぱいたべたよ」「いっぱい泳げた」「いっぱい汗をかいた」「いっぱい水をくんできたよ」「いっぱい貼ったよ」などである。これは子どもが頭の中で物事を考えるのではなく，体で考える傾向にあるからである。

満足感
達成感

　体で考える傾向を踏まえ**教材**を考えたとき，砂・水・土・粘土は幼児期の量の感覚を豊かにする大切な教材といえる。砂や土は水を加えたり，粘土は型にはめたりすることで変化し，砂場で山をつくり上から水を流して山を崩すなど，遊びの中で『試す』ことが可能な教材なのである。

教材

【引用・参考文献】
1）倉橋惣三『倉橋惣三選集 第三巻』フレーベル館，1982年，p.36
2）文部科学省『幼稚園教育要領〈平成29年告示〉』フレーベル館，2017年，p.17
3）坂原 明編著『保育のための教育心理学―学ぶよろこび知る楽しさを育てる［改訂版］』ブレーン出版，2006年，p.40
4）小田 豊・湯川秀樹編著『保育内容 環境（新保育ライブラリ）』北大路書房，2009年，p.26
5）柴崎正行・若月芳浩編『保育内容「環境」（最新保育講座9）』ミネルヴァ書房，2009年，p.63
6）小林美実編『こどものうた200』チャイルド本社，1975年，p.76．なお楽曲掲載については，日本音楽著作権協会（出）許諾第1100781-101号

お薦めの参考図書

① 倉橋惣三『子どもの心とまなざしで―倉橋惣三絵本エッセイ』フレーベル館，1996年
② 佐伯 胖『「わかる」ということの意味［新版］』岩波書店，1995年
③ 清水由紀・林 創編著『他者とかかわる心の発達心理学―子どもの社会性はどのように育つか』金子書房，2012年
④ 無藤 隆監『はる なつ あき ふゆ（フレーベル館の図鑑ナチュラ）』フレーベル館，2006年
⑤ かこさとし『1月のまき（かこさとし こどもの行事しぜんと生活）』～『12月のまき』小峰書店，2011～2012年

まとめ

1 子どもの興味・関心に寄り添って考えることは，保育環境を豊かにすることにつながる。

2 創造力を膨らませ，自分の言葉で表現することができる環境は，身近な人との関わりによって生まれる。

3 毎日の生活を共にする保育者の細かな心遣いと心配りは，子どもの心情・意欲・態度を育てる。

4 子どもは，自分の体や生活と言葉を一致させることで，数や文字に対する感覚を養うことができる。

5 五感を働かせて活動することは，子どもの自発的な行動に結びつく。

6 人との関わりは，数や文字に対する感覚を豊かにし，時間や月日の感覚を養うきっかけとなる。

7 砂・水・土・粘土は幼児期の量の感覚を豊かにする大切な教材である。

演習問題

1 どんなとき子どもは考えて行動するか，実習日誌を見てふり返り，書き出してみよう。

2 物の性質や数量，文字などに対する感覚を豊かにするにはどのような環境があるか，実習先での子どもの遊びや生活場面から述べてみよう。

第7章

生活に取り入れる環境指導

さながらの生活から

　日本の幼児教育の父とよばれる**倉橋惣三**は，著書『幼稚園真諦』の中で，「**さながらの生活**」を説いている。これは，日常的な生活経験を基本として幼児教育がなされることの大切さを説くものである。「**生活を生活で生活へ**」という言葉のとおり，日常の生活と幼稚園での生活はつながっており，子どもがありのままの姿を見せる自発的な生活の中に教育的な意味を見出し，子どもに働きかけたり，物的環境を整えたりするなど，保育者の果たすべき役割はさまざまである。

　本章では，どのように生活の中で環境指導を行い，子どもにとって有益な学び・育ちを促していくかということについて整理していきたい。

倉橋惣三

さながらの生活

生活を生活で生活へ

1 子どもが関わりたくなる環境とは

（1）　環境が子どもたちに働きかけるもの

　子どもは，身のまわりの空間，また保育者の言動や周囲の友だちなど，物的，人的な環境と関わる中で，遊びを通して成長していく。そのため，子どもの育ちを支える園環境を考えることは，保育者の重要な役割の1つであるといえる。では，どのように環境を考えるのがよいのであろうか。

　たとえば，遊具のたくさんある公園では，子どもたちはその遊具を使って遊ぶだろうし，遊具は少なくても広さが十分ある公園では，ボール遊びなどをするだろう。また，茂みなどがある公園では，かくれんぼや鬼ごっこなどで遊ぶことができる。

　このように子どもの成長を促す遊びにおいても，環境が大きく関わる

ことはいうまでもない。では，保育者は，どのような環境を整備し，作り出す必要があるのだろうか。

（2） 関わりたくなる環境を整えるには

　保育者は，子どもの実態をとらえたうえで次に育ってほしい方向を考えるとき，環境によりそれを実現しようとするが，その際にどのようなことを考える必要があるだろうか。

　乳幼児期の保育は自発的な遊びを通して行われることが基本である。そのためには，子どもの成長を念頭に置きながら，子どもが自発的に遊びたいと思える環境を設定する必要がある。

　保育者は，遊具や素材，道具をその数や大きさ，材質に至るまで考え抜いたうえで配置する。さらに，活動に最適な場所や具体的な援助の方法まで保育計画を立てながら，日々の保育を行っている。また，保育の評価と反省を繰り返し，環境についても日々見直しを行いながら，翌日の**指導計画**を立てる。保育記録は，子どもの成長を正確に捉え，適切な保育計画を立てるうえで，重要なプロセスである。 **指導計画**

　保育記録は，子どもたちの無邪気な姿を思い浮かべながら，成長を実感できるものである。たとえば，子どもの行っていた初歩的なおままごとが，明確な家族の役割を持ったおままごとに変化したり，車の運転のまねなど，身近なものの使用方法を模倣するなど，生活の細部を模倣することで，おままごとがより現実生活に近いものになっていく。このとき保育者は，子どもたちが遊びの中にどのような面白さを見出していたかに気づくことが大切である。すなわち，この時間は，自身が接する子どもについての理解を深める時間であり，そしてこの深まった子ども理解があってこそ，今後の計画を立て，次の保育のねらいを設定することができる。

　このねらいに沿って，具体的に保育室や園庭など，身の回りの**環境構成**を検討したり，園外保育をどのように実施するかを決めていくこととなる。保育者として，まずは子ども理解を深めることが重要であり，それにより子どもが自分から関わりたくなるような環境を構成することができる。 **環境構成**

● 写真 7-1 ●　保育記録（実習記録）の様式（例）　　● 写真 7-2 ●　指導案の様式（例）

2 長期的な見通しの中で環境を考える

（1）　地域の人々と交流する保育

　長期的な見通しをもって環境を考える場合，園外での保育体験も重要になってくる。ある園では，毎月の指導計画の中に，近所のお年寄りの方々との交流を取り入れている。お年寄りの方々との交流は，子どもたちが挨拶したり，人に親切にするなどの体験を通じ，社会性を身につけることに役立っている。また，**年間指導計画**の中では，お祭りや，季節ごとの行事（お餅つき等）の他に，子どもたちのお遊戯の発表会なども計画されている。お遊戯の発表会では，日常の保育の中での取り組みを発表することができ，保育者にとっては保育の成果を振り返る機会となる。また，子どもたちにとっては，楽しいお遊戯で見ている地域のお年寄りが喜んだり，褒めたりしてくれるという喜びや達成感を味わえる機会である。加えて，人との関係が希薄化している現代において，地域社会の再構築にも大きな意義を持つものである。お遊戯の発表会という行事を特別な行事としてではなく，子どもの置かれた状況と発達を長期的に見通したうえで，保育者が定期的に保育を振り返るものとして位置づけることが大切である。

年間指導計画

（2）　生活の流れの中での自然な出会いを工夫する

　子どもは，生活の中で身近な環境に関わりながらさまざまな活動を生み出し，その活動を通して育っていく。子どもが意欲的に周囲の環境に働きかけ，主体的に活動を展開することが幼児期の保育・教育の基本である。そして子どもが主体的に活動を展開できるかどうかを大きく左右するのが環境である。よって，子どもが興味・関心をもち，自分から関わりたくなるように，生活の流れの中で環境との出会いを工夫することが重要である。

　たとえば，豊かな**自然環境**に恵まれている幼稚園の場合は，小鳥の鳴き声を聞いたり，木の実や昆虫探しなどを通じ，自然に親しむことができる。自然環境を活用することで，子どもの生き物への興味・関心を高め，**情操教育**につなげることができる。また，現代の子どもは，舗装されたアスファルトの上や，建物の中での活動が多く，平面的な活動が多いといわれる。しかし，自然の中では，ジメジメした地面，でこぼこした地面，つるつるした地面，足がすっぽり入ってしまうような穴の空いた地面など，バランスをとることが難しい地面がたくさんある。そのような環境で活動することで，バランス感覚を養ったり，体幹を鍛えたりすることができる。また，自然物からおもちゃを作り出すなどの工夫する力を身につけることもできるのである。

自然環境

情操教育

　子どもを取り巻く場所のもつ意味を考えて環境づくりを工夫していくことで，保育の可能性は無限に広がるのである。生きものが多くいる水辺や草地，実がなる樹木，素材（砂・赤土・チップ・砂利・木・腐葉土・コンクリートなど）の特質を生かした場所，集団で体を動かして遊べるような場所など，子どもと場所やものとの関わりを考慮し，多様な遊びが生まれるような環境づくりを心がけたい。

3　子どもの育ちを支える園環境

　子どもがさまざまな形の小石を集めて楽しんでいるとき，保育者は，

子どもが自然物との関わりから，身近な自然物を遊びの中に取り入れるおもしろさを味わうことを願っているのではないだろうか。

　小石をたくさん拾って楽しむことをもっと促したいと考えるのであれば，集めるのに必要な小さなかごやバケツを用意することも必要であろう。あるいは，小石のさまざまな形を楽しむなら，小石を見せながら，「これは，何の動物に見えるかな」と尋ねることも，子どもの想像力を伸ばすことにつながる。拾った小石を使った遊びをさらに広げたいのであれば，小石に絵を書いたり，小石をできるだけ高く積み上げたりして遊ぶこともできるのである。保育者としては，子どもの体験を生かし，それが次の遊びへとつながっていくような援助の方法を考え，環境を整えていきたいものである。

　このように，環境を整えて生活空間をつくるには，保育者が子どもの実態を把握し，保育者としての育って欲しいねらいをもつ必要がある。子どもたちの遊びをより豊かなものにするために，保育者には，柔軟で豊かな感性と細やかな配慮が要求されるのである。

　生活空間をつくることは，保育室内だけに限ったものではなく，園庭や遊戯室などの共通の場所についても，工夫が必要である。季節の変化や時間の経過がより必要な**環境設定**もある。ひまわりやヘチマの種を植えることで，水やりを通した，植物の成長を観察できる。また，育ったつるや葉で，保育室に日陰をつくるなど，長期にわたって計画的に環境を整えることも必要である。　　　　　　　　　　　　　　　　　　環境設定

　園庭の**固定遊具**の設置状況を見直すことや，園内に**ビオトープ**をつくるなどの環境改善は，長期的な見通しをもって時間をかけて園全体で取り組むものとなる。このように，短期，長期の両方の観点で環境を計画し，生活空間を作っていくことが重要である。　　　　　　　　　固定遊具
　　　　　　　　　　　　　　　　　　　　　　　　　　　　　　　ビオトープ

　園の環境を整備する上で留意すべきことには，おおむね以下のような点が挙げられる。

①　心理的に安心でき，かつ物理的に安全な環境を整えること。

②　清潔感や季節感があり，子どもたちの生活にふさわしい明るい空間にすること。

③　自分のしたいことに，じっくり取り組める時間と空間を確保する

こと。

④ 興味や関心を広げるよう，園の建物や地域の自然環境，社会環境を生かすこと。

⑤ 必要な生活習慣を身につけることができるよう，扱いやすく収納しやすい空間にすること。

4 遊びや生活のなかで思考力の芽生えを培う

（1） 幼児期の「学び」の特性を理解する

子どもは日々の生活の中で成長していくが，保育者は身の回りの環境がどのように子どもの豊かな体験につながるのかということについて，特性や影響を理解している必要がある。幼児期の自発的な活動としての遊びは，心身の調和のとれた発達の基礎を培う重要な学習である（**幼稚園教育要領**「第1章 総則」）。つまり，幼児期における学びの芽生えとは，学ぶことを意識しているわけではないが，おもしろいことや楽しいこと，すなわち遊びに没頭することを通じて学んでいくという性質のものである。子どもは身近な環境に主体的に関わるなかで，環境との関わり方やその意味に気付き，これらを取り込もうとして考え，試行錯誤する。その中で物事の見方や考え方が芽生えていくような，指導のあり方について考えたい。

幼稚園教育要領

（2） 身近な事象，ものや遊具に興味をもって関わる体験を重視する

幼児期には，感性を構成する要素である，気づく・感じる・思う・考える・関わる・行動するということが順に意識化され，高次化され，発展していく。つまり，ものごとに対する感受性（気づく・感じる）や思考性（思う，考える）が活動性（関わる，行動する）と関係しながら，相互作用によってより活発になっていく。そのため，身のまわりのものや遊具，用具などを使って試したり，考えたり，作ったりしながら，ものごとを探究する態度を育てることが重要である。

（３）　数や量や図形などへの関心とその発達

　子どもは日々の生活のなかで，人数や個数を数えたり，量を比べたり，またさまざまな形に接したりといった体験をする。保育者は，子どもが生き生きと数量や図形などに親しむことができるように環境を工夫し，豊かな体験ができるよう援助していく必要がある。

　それは，数量や図形についての知識を教えるというよりも，生活のなかで子どもが数えたり，量を比べたり，さまざまな形を組み合わせて遊んだり，積み木やボールなどのさまざまな立体に触れたりするなど，多様な経験の中で数量や図形などに関心をもつように促すことが大切である。

　たとえば，ある子どもが，袋の中の小石を「僕のほうがいっぱい持ってるよ」と自慢げに話しているときに，別の子どもが「私のほうがいっぱいだよ」と言い出し，同じくらい小石が入った袋を持って困り果てているとする。そのような場面で，保育者が，「先生はいくつあるか知りたいな」というと，お互いに小石の数を数え始めるかもしれない。この例では，拾って遊べる小石があるという環境を生かして，子どもが量や数の概念を理解し，発展させるきっかけとすることができる。また，保育者が率先して数えてしまうのではなく，子どもたちが自発的に小石の多い少ないを比較し，量や数の概念を発展させるような働きかけが必要である。

（４）　標識や文字への関心とその発達

　「日常生活の中で簡単な標識や文字などに関心をもつ」ことは，「環境」における指導の「内容」として，子どもが環境に関わって展開する具体的な活動を通して総合的に指導されることが求められている。標識や文字は子どもの身のまわりの環境にあふれており，登降園途中の道においても，交通標識や広告，電柱にある住所や掲示板，車のナンバープレートなど，数えればきりが無いほどである。

　しかし，身のまわりに文字があるだけでは，子どもがそこからすぐに文字を習得できるわけではない。子どもたちは，身の回りの文字を眺め

ながら，買い物やその他種々の活動の中で，文字が大切な役割を果たしていることに気づく。そこから，身のまわりの環境にある記号・文字に馴染み，それらを使った活動に親しむようになる。その一方で，絵本を読んだり，自分の名前が書かれた引き出しを探したり，ごっこ遊びでレストランのメニューを書いてもらったりすること等を通して，言葉を文字にあらわして使うやり方に慣れ親しんでいく。そして子どもは，文字の習得を通し，大人に近づいていると感じ，誇りを感じるのである。このように，身近な環境での経験が，子どもの自尊感情を高め，自己肯定感・自己有用感を向上させていくのである。

【参考文献】
1）小田 豊・湯川秀樹編著『保育内容 環境（新保育ライブラリ）』北大路書房，2009 年，pp. 107-136
2）榎沢良彦・入江礼子編著『保育内容環境［第 2 版］』建帛社，2009 年，pp. 143-188
3）髙橋貴志・目良秋子編著『コンパス 保育内容環境』建帛社，2018 年，pp. 77-92
4）神長美津子・掘越紀香・佐々木 晃編著『乳幼児教育・保育シリーズ 保育内容環境』光生館，2018 年，pp. 111-147
5）柴崎正行・赤石元子編著『新保育シリーズ 保育内容環境』光生館，2009 年，pp. 83-143
6）倉橋惣三著『幼稚園真諦』フレーベル館，1976 年

お 薦 め の 参 考 図 書

① 宮里暁美監『0 ～ 5 歳児 子どもの「やりたい！」が発揮される保育環境』学研プラス，2018 年
② 秋田喜代美監・編著『秋田喜代美の写真で語る保育の環境づくり』ひかりのくに，2016 年
③ 今村光章編著『森のようちえん―自然のなかで子育てを』解放出版社，2011 年
④ 小田 豊・湯川秀樹編著『保育内容 環境（新保育ライブラリ）』北大路書房，2009 年

ま と め

1 保育者が保育環境を整える際，子どもが自発的に遊びたいと思える環境を設定することが必要となってくる。とくに，身近な生活環境では，遊具や素材，道具等の数や大きさ，材質などを意図的に整えることが挙げられる。

2 保育記録は，子どもの成長を正確に捉え，適切な保育計画を立てる上で重要なプロセスであり，日々子どもの様子を記録しながら指導計画を考える中で子ども理解が深まり，それが保育環境を検討する基礎となる。

3 生活の中の環境指導の1つとして，地域の人々と交流する機会を設けることが挙げられ，普段の生活だけでは得られにくい社会性を身につける機会となる。

4 身近な自然環境と親しむことも，生活の中の環境指導の一環であり，自然への興味関心を高めることや情操教育につながる。

5 幼稚園教育要領では，環境指導を通して日常生活の中で数量や図形などに関心をもつことができるよう求められている。

6 幼稚園教育要領では，環境指導を通して日常生活の中で簡単な標識や文字などに関心をもつことができるよう求められている。

7 環境指導の中で，保育者が子どもに知識や態度を教え込むというよりも，自発的にそれらが芽生え，発展していくような関わりが求められる。

演習問題

① あなたの今住んでいる場所に幼稚園があったとしたら，周囲の自然環境を使ってどのような活動ができそうか，考え，計画を立ててみよう。

② あなたの今住んでいる場所に幼稚園があったとしたら，どのような活動を通して地域の人々との交流が可能か，考え，計画を立ててみよう。

③ 子どもたちが各々たくさんのドングリを拾ってきた場合に，あなたならどうやってそれを数や量への興味・関心に結びつけることができるか，考えてみよう。

第8章

人的環境としての友だち，保育者

　保育の環境には，保育者等や子どもなどの人的環境，施設や遊具などの物的環境，更には自然や社会現象などがある。保育所はこうした人，物，場などの環境が相互に関連し合い，子どもの生活が豊かなものとなるよう，計画的に環境を構成し，工夫して保育しなければならないと保育所保育指針は述べている。また幼稚園教育要領解説には，環境の構成の意味として，重要なことはその環境の具体的なねらいや内容にふさわしいものとなるようにすることである。幼児の生活する姿に即して，その時期にどのような経験を積み重ねることが必要かを明確にし，そのための状況をものや人，場や時間，教師の動きを関連付けてつくりだしていくことが必要となる。その際，環境の構成もふまえて，子どもが自ら作り出すことが大切であると述べている。

 人的環境としての友だち

人的環境

（1）　自分遊びに夢中になる

　子どもがはじめてきょうだい以外の子どもに会うのは，幼稚園や保育所の友だちである。しかしどうやって関わっていいのかわからずに，そっと観察しながら様子をうかがっている。まずは，子どもが興味を持って友だちに近づくことが大切かもしれない。そのタイミングを保育者は見逃さないでほしい。

自己中心的

　　　事例①

自己中心的な子ども（4歳児）

　A児は積み木で遊んでいた。友だちが近寄ってきて，「何を作っているの」とB児が覗きこむ，しかし無

言で対応。友だちはどこかに行ってしまった。その後もずっと積み木を積んでいる。保育者は見守っていたが，もう少し友だちと積極的に関われたらいいと心の中で思っていた。突然A児「できた！　スカイツリーだよ」と保育者に報告してきた。そしてこの間，家族でスカイツリーに行ったことを一生懸命話した。楽しそうに話して満足した顔をしてA児は，園庭に走って友だちと遊び始めた。先ほど声をかけたB児とも，一緒にボールを蹴っていた。

　子どもには自分の邪魔されたくない世界がある。それを見守ることも大切なことである。ここで「お友だちみんな園庭で遊んでいるよ。Aくんも一緒に遊ぼうよ」と声をかけたらどうなっただろう。きっとA児は嫌な顔をして，楽しくない遊びをしたかもしれない。ここで大切なことは子どもが何かに一生懸命になっている時は，何か子どもなりの思いがあると保育者は気づく必要がある。またB児の対応である。何を作っているのか教えてくれないA児に少し不満を持ったかもしれない，しかし子ども心にも，「今はそっとしていこう」と考えたのかもしれない。そして距離をおいたのである。そこには，子ども同士の意思疎通があるのかもしれない。これを保育者がそっと寄り添えるといいのだが，きっとすごく微妙な心の交流だと考えられる。子どもの心を理解する時は，まず自分が4歳の時どんなことを考えていたのかを，思い出すのがいい方法である。記憶に残っていることは，印象深いことなので，4歳児の心模様が理解できるかもしれない。

（2）　自分を見てほしい・ほめてほしい（承認の欲求）　　承認の欲求

　コマまわしに取り組んでいる園があった。ひもの結び方から投げ方まで丁寧に保育者に教わっていた。いつもにぎわっているクラスがコマまわしに取り組む時は，真剣な顔になっていた。小さい手でひもを巻きつけるがうまくいかない。何回も挑戦していた時，自分のコマが回り始めた。この時「先生見て，Aちゃん見て，見て，見て」と大騒ぎになる。それぞれがまわしているのだが，自分のコマがまわった時は，誰かに見てほしいのである。そして「すごい，上手だね」とほめられたいのである。褒められるとどんな気持ちになるだろうか。**自己有能感**が高まり，　　自己有能感
自分は何でもできると思い，うれしくなる。うれしくなると楽しくなり

やる気がでて，またコマをまわそうと思う。反対に何回練習してもコマ
がまわらないと，自分はできないと思い，やる気を失ってしまうのであ
る。保育者はうまくまわすことができるように，指導し，できた時には
その努力をほめてあげると，今後のやる気につながるだろう。子どもは
できたらまず保育者に見てもらいたい。このようにあちらこちらから
「見て」と声がかかり，忙しくなるが，将来の子どもの自信や意欲につ
ながると考え，丁寧に対応してほしい。

（3）　友だちと対立する

子どもの対立

　友だちと段ボールで電車ごっこをしていたが，自分の思う方向に走っ
てくれないので，友だちと言い合いになった。「こっちに行くんだよ」
とむりやり電車を走らせようとして，段ボールが切れてしまった。お友
だちは「あーあー」と言って違う遊びに行ってしまった。次に折り紙で
遊ぼうと思ったら，友だちが銀色の折り紙を取ってしまい，また言い合
いになった。「これ僕が使うんだよ」と引っ張ったら切れてしまった。
なかなか，譲れないのである。

　昨年，ドイツの保育所を見学する機会を得た。そこでは，すべてのも
のを共同で使っていた。色鉛筆もはさみもすべて共同で使用している。
もちろんすべての色が人数分あるわけではないので，友だちと**順番を守** 順番を守る
り，使っているのである。まずは，日々の生活のなかで，順番や待つ心
や譲る心を教えることが大切である。小さい**ルール**の積み重ねが，他の ルール
お友だちの気持ちを考え待つ，譲る心が育つのではないだろうか。

●写真 8-1 ●　みんなの色えんぴつ

（4）　友だちへの思いやりの心を育てる（役割取得）

　杉原（2001）[1] は 5 歳までは自分の視点と他者の視点を区別することが難しい。また同時に他者の身体的特性を心理面と区別することが難しい。同じ状況でも，自分の味方と他者の見方が必ずしも同じでないことがあることに気づかない，とセルマンの考えを元に述べている。このように自分がうれしかったら，他の人もうれしいと思うのである。運動会のかけっこで一番になれば，うれしくて気持ちは最高になる。そんな時走るのが不得意な友だちの気持ちは理解できないのである。勝って喜ぶ子ども，負けて泣く子，「なんで泣いてるのだろう，運動会は楽しいのに」と思うかもしれない。この気持ちが友だちを理解する大きなチャンスになる。自分の考えと他のお友だちの考えは違うのである。自分の気持ち・他人の気持ち・それを取り巻く第三者の視点を理解できるのは，12 歳から 14 歳だといわれている。その時までに，他人がどんな気持ちになっているのか，自分はうれしくて喜んでいても，他人はどうなのか考えるヒントを投げかけてあげるのがいいのではないだろうか。

2　人的環境としての保育者の役割

（1）　保育者が子どもの理解者になる

　子どもたちは遊びの中で育っていくが，**子どもの理解者**とはどのようなものだろうか。まず，事例 2 つをみてみよう。

子どもの理解者

ごっこ遊び

❦ 事例②-1 ❦

ごっこ遊び（4 歳児）

　子どもが夏休み後に飛行機遊びをするようになった。祖父母の家に飛行機でいったことがきっかけになった。実際に飛行機に乗った他のお友だちがおり「飛行機はこんな風に並んですわるんだよ」とイスを横に並べ始めた。空を飛ぶってすごいよね，「飛行機ってどうやって運転するの」「うちのママは車の運転できるけど，飛行機も運転できるのかな」と最初は飛行機に乗ったことのある子どもだけで遊んでいた。

さて，この遊びについて，あなたはどう考えるだろうか。一部の飛行機に乗ったことのある子どもたちの遊びで，乗ったことのない子どもたちにとっては，未知の世界だ。大人でも飛行機がどうして飛ぶのか説明できる人は少ない。この遊びは参加できる人に限りがあるから，保育者としてはみんなができる遊びに関心を寄せさせるかもしれない。

┌─ ✿ 事例②-2 ✿ ─┐

ごっこ遊び（4歳児）

　ところが保育者が考えている以上に子どもたちは飛行機遊びに夢中になった。イスはどんどんひろがりクラス全員が座るようになり，フライトアテンダントが飲み物を配ったりするまねをしたり，シートベルトをするように，アナウンスするようになった。

　保育者は，飛行機遊びは少数の飛行機に乗った子どもしかできないと考え，乗ったことのない子どもにはつまらない気分にさせるものと考えていたのだが，実際は子ども同士で教えあったり，保護者に飛行機とはどんなものかを聞いたり，乗ったことのある子どもも，乗ったことのない子どもも遊びに吸い込まれていったのである。

　この保育者が子どもの飛行機遊びに理解がなかったら，子どもたちの関心は飛行機には向かなかったかもしれない。子どもたちは遊びから興味や関心が広がっていく，しかしここで保育者が心配することは，飛行機に乗ったことのない子どもがいることである。家に帰って「飛行機に乗りたい」とおねだりする子どもがいたらどうしたらいいのか考えるかもしれない。実際に飛行機に乗れなくても，本やTVで飛行機にふれることは可能である。子どもたちの興味を広げる為にも，子どもたちなりの，世界を理解することではないだろうか。

（2）子どもの共同作業者・共鳴者

　きりん組の子どもたちには，「桃太郎」の**紙芝居**を読んで，絵を描いてもらった。うさぎ組の子どもたちには「桃太郎」の**CD**を聞かせ絵を描いてもらった。この2つのクラスの様子がとても違っていたことにおどろいた。きりん組の子どもは，絵を描く際に，紙芝居の絵を思い出していた。隣の子どもと「どこ描くの，ももが流れるとこ，鬼かくの」と

紙芝居

CD

聞いていた。一方うさぎ組は，CDが終わると，今聞いたことをどうやって描いたらいいのかを考えている様子だった。耳からの情報を絵に描く作業をしていた。そこで絵の構図が決まらなくて混乱したのである。「うーん　どう描けばいいのかな」子どもたちの会話は少なかった。描くイメージが湧いた子どもは描き始め，しばらく考え混んでいる子どももいた。

　保育者は遠くから見守っていた。描き始めるとクレヨンではなくて，絵の具を使いたいと何人かの子どもが言い出し，絵を書くことに夢中になっている子どもたちがいた。

　実際の絵は，どのようになったのだろうか。

　紙芝居を観たきりん組は，紙芝居の一枚を再現したような，紙芝居と同じ絵を描いた。川があり，桃が流れて，おばあさんが洗濯をしていた。または，鬼を退治にいく猿，犬，キジと**桃太郎**の絵などであった。登場人物の色は紙芝居の絵と統一しており，違う色の猿・キジ・犬はいなかった。個人差はあるが，まとまりのある絵が描けていた。

桃太郎

　しかしCDを聞いたうさぎ組は，自分が印象に残った人物をすべて描いていた。川・桃・おばあさん，山にはおじいさんがおり，色とりどりのキジが空を飛び，猿と犬，鬼も，桃太郎も存在していた。登場人物のすべてが描かれていたのである。どちらかというと，にぎやかな絵になっていた。

　保育者がこれらの絵を見たとき，どんなことを感じるだろうか。構図がきちんとしている絵と，すべての登場人物がごっちゃに描かれた絵である。この絵を見ていた保育者は，子どもたちが描いた絵に質問をしながら，「鬼がとっても強く描かれているね」と丁寧にコメントを言っていた。絵がうまく描けているかではなく，子どもがどんな気持ちで書いているのかそれを聞いていたのである。これが**共鳴**（レゾナンス）ではないだろうか。共鳴とは他の人の考え方や行動に自分も心から同感することである。絵が上手に描けているかではなく，どんな気持ちでどんな絵を描きたかったのかが重要である。

共鳴

🌱 事例③ 🌱

川で洗濯するには（5歳児）

　桃太郎のCDを聞いたA児，川のそばに四角い銀色の箱が描いてあった。保育者がこれは何？と聞くとA児は，「だって，おばあさんは川で洗濯していたんでしょ。洗濯機がないと困るでしょう」これには保育者も笑顔がこぼれた。子どもの創造力はすごい，この**自由な発想**を大切に育ててほしい。

自由な発想

（3）　保育者が子どもの精神的な支えになる

　精神的支えには，佐藤（2017）[2]の保育者に調査した結果によると，6つのグループがあると述べている。「① 子どものよりどころ」「② 子どもの受容者」「③ 子どもの理解者」「④ 子どもの共鳴者・共感者」「⑤ 子どもとの信頼関係」「⑥ 子どもの自己肯定感」である。精神的支えとは子どもにとって安心して寄り添えること，**安定の基盤**としての存在，子どもを受け止める，よき理解者になる，子どもの思いに寄り添う，子どもにとって信頼できる存在，子どもとの信頼関係がある，子どもが**自己肯定感**を持てるようにするなどであった。子どもが安定できるのは，自分のよりどころが幼稚園・保育所にあることではないだろうか。よりどころがどこかにあれば安心していられるのである。

安定の基盤

自己肯定感

🌱 事例④ 🌱

子どもの居場所（3歳児）

　A児はなかなか保育室に入れない子どもであった。入園してすぐにはしか，おたふくになり，約3週間園をお休みしてしまった。そのことでお友だちができず，園庭でも1人で遊んでいる様子が見られた。しかし毎日A児は元気に園に通ってきていた。保育室に入らないでどこに行くのか見守っていると，給食室の職員の方とあいさつをして，ずっと給食室をのぞいている。保育者が声をかけると「ここにいる」と言って，保育室には，時々しか入らないが，楽しそうに園での生活を送っていた。

　A児は，園を休んだことで，お友だち関係がうまく作れなかったと考えられる。しかし家でも母親のお料理の手伝いをしていたA児は給食室の調理員さんと仲良くなり，そこが**居場所**になり，楽しく登園できたのではないだろうか。最初の出遅れでお友だちができなくなり，保育室にはいれなくなったケースであるが，園のどこかに居場所ができれば，そ

居場所

こからお友だち作りのきっかけになるかもしれない。保育者がままごと
遊びに誘ってみるのも，いいきっかけ作りになるかもしれない。A児は
その後，管理栄養士になり，調理に携わる仕事をしているとのことであ
る。園で居場所を発見し，それが将来の仕事にも結び付いたのかもしれ
ない。子どもを園全体で育てることが，すべての人に支えられている安
心感になり，心の拠りどころや**精神的な支え**になると考えられるのであ
る。

精神的な支え

【引用・参考文献】
1）杉原一昭監『発達臨床心理学の最前線』教育出版，2001 年，pp.74-84
2）佐藤有香「人的環境としての保育者の役割」『子ども教育宝仙大学紀要』8 号，2017 年，pp.57-85

お薦めの参考図書

① 湯汲英史『0 歳〜6 歳 子どもの発達とレジリエンス保育の本』学研プラス，2018 年
② 相良順子他著『保育の心理学［第 2 版］』ナカニシヤ出版，2013 年
③ 杉本厚夫『「かくれんぼ」ができない子どもたち』ミネルヴァ書房，2011 年
④ ヨシタケシンスケ『もうぬげない』ブロンズ新社，2015 年

ま と め

1 自分の遊びに夢中になり，友だちと関われない子どもがいる。友だちと遊べないのではなく，自分が今，したいことがあり，それが満たされたとき，友だちと遊べるようになる。

2 友だちと対立することもある。対立することも大切だが，普段から友だちと分け合う，順番を待つ，ゆずれる心を育てることが必要である。

3 子どもは自分を見てほしい，認められたいと思っている。こまめにすべての子どもを見て，ほめることが大切である。

4 保育者は子どもたちのモデルになるので，その行動には慎重さが必要である。子どもの憧れは，元気で明るく，自分を見守ってくれる人である。

5 保育者は，子どもとの共同作業者で共鳴者であることが必要である。共鳴者とは，上手・下手ではなく，子どもの作品から気持ちを聞いて理解してくれる人である。

6 友だちへの思いやりの心を育てるには，自分の気持ちと他者の気持ちは違うことを伝えてあげることが大切である。子どもは他者の気持ちは理解しにくいので，ヒントを出して，一緒に考えるとよいだろう。

7 保育者が子どもの精神的な支えになることが重要で，子どものよりどころを作ることが大切である。1人では難しいと考えられる事柄については，全職員で連携して，支えてあげることが必要である。

演 習 問 題

① 人的環境における友だちと保育者の関わりについて，保育所保育指針を参考に，自分なりの考えをまとめてみよう。

② 子ども同士が対立した時の対応について，保育者になった時を想定して具体的な声掛けや行動について考えてみよう。

③ 保育者が子どもの精神的な支えになるとはどのようなことだろう。子どものよりどころや理解者に焦点をあてて，考えてみよう。

第**9**章

物的環境としての園具・遊具・教材

子どもにとっての保育における環境とは，子どもの周囲を取り巻く全ての状況を指し，環境は，**人的環境**と**物的環境**に大別される。 人的環境
物的環境

物的環境には，建築・設備・家具・道具などが含まれ，具体的には，**園舎・砂場**・ロッカー・ボールなどがあげられる。この人的環境と物的環境の相互作用により，子どもが自ら興味を持ち環境に関わることができる工夫を行うことが保育者には求められている。 園舎
砂場

本章では，保育の環境における物的環境としての**園具・遊具**と**教材**について考えてみよう。 園具
遊具
教材

『**保育所保育指針**』の保育所保育に関する基本原則における，(4) 保育の環境において，下記の指針が示されている[1]。 保育所保育指針

保育の環境には，保育士等や子どもなどの人的環境，施設や遊具などの物的環境，更には自然や社会の事象などがある。保育所は，こうした人，物，場などの環境が相互に関連し合い，子どもの生活が豊かなものとなるよう，次の事項に留意しつつ，計画的に環境を構成し，工夫して保育しなければならない。
ア　子ども自らが環境に関わり，自発的に活動し，様々な経験を積んでいくことができるよう配慮すること。
イ　子どもの活動が豊かに展開されるよう，保育所の設備や環境を整え，保育所の保健的環境や安全の確保などに努めること。
ウ　保育室は，温かな親しみとくつろぎの場となるとともに，生き生きと活動できる場となるように配慮すること。

● 写真 9-1 ●　園庭の遊具や教具

エ　子どもが人と関わる力を育てていくため，子ども自らが周囲の子どもや
　　大人と関わっていくことができる環境を整えること。

　つまり，子どもが安心できる場所で自発的に周囲の環境や子ども，大人との関わりを通じ，さまざまな経験が積めるよう，計画的な環境の構築が重要となる。

　幼児教育の先駆者の１人である**マリア・モンテッソーリ**（Maria Montessori, 1870-1952）の幼児教育法「**モンテッソーリ教育**」においてさまざまな教具が生み出され，現在も広く知られている。彼女は教具にとどまらず，建築・設備などの物的環境に着目し，家具・道具に関しても具体的な提案をした。このことから，保育における環境は子どもの育ちにとって欠くことのできない重要な要素の１つであるといえる。

マリア・モンテッソーリ

モンテッソーリ教育

　遊具は文字通り遊ぶことが第一の目的に挙げられるが，遊具を使って遊ぶことが，子どもにどのような影響をあたえるのであろうか。どのような育ちを期待するかについて，文部科学省『**幼児期運動指針**』(1) 運動の発達の特性と動きの獲得の考え方において，以下の指針が示されている[2]。

幼児期運動指針

　幼児期は，生涯にわたって必要な多くの運動の基となる多様な動きを幅広く獲得する非常に大切な時期である。動きの獲得には，「**動きの多様化**」と「**動きの洗練化**」の二つの方向性がある。
　「動きの多様化」とは，年齢とともに獲得する動きが増大することである。幼児期において獲得しておきたい基本的な動きには，立つ，座る，寝ころぶ，起きる，回る，転がる，渡る，ぶら下がるなどの「体のバランスをとる動き」，歩く，走る，はねる，跳ぶ，登る，下りる，這（は）う，よける，すべるなどの「体を移動する動き」，持つ，運ぶ，投げる，捕る，転がす，蹴る，積む，こぐ，掘る，押す，引くなどの「用具などを操作する動き」が挙げられる。通常，これらは，体を動かす遊びや生活経験などを通して，易しい動きから難しい動きへ，一つの動きから類似した動きへと，多様な動きを獲得していくことになる。
　「動きの洗練化」とは，年齢とともに基本的な動きの運動の仕方（動作様式）がうまくなっていくことである。幼児期の初期（３歳から４歳ごろ）では，動きに「力み」や「ぎこちなさ」が見られるが，適切な運動経験を積むことによって，年齢とともに無駄な動きや過剰な動きが減少して動きが滑らかになり，目的に合った合理的な動きができるようになる。
　次に，目安として幼児期における一般的な運動の発達の特性と経験しておきたい遊び（動き）の例について示す。なお，幼児の発達は，必ずしも一様ではないため，一人一人の発達の実情をとらえることに留意する必要がある。

動きの多様化
動きの洗練化

つまり，体を動かすことで運動機能を向上させ，心身共に育つ環境を整えるために固定遊具や移動遊具を効果的に用いることが重要となる。

　園具と遊具を目的別・機能別に分類するとき，運動を目的とした園具・遊具は以下の例が挙げられる。

● 表9-1 ● 　運動を目的とした園具・遊具

滑り台，ジャングルジム，ブランコ，雲梯，鉄棒，登り棒，巧技台，平均台，跳び箱，マット，ボール，フープ，縄跳び，三輪車，プールなど。

1　屋外・屋内などの設置箇所と特性から見る園具・遊具

（1）　固定遊具

　園庭や園舎にはさまざまな遊具が設置されている。中でも，**固定遊具**とは，滑り台やジャングルジム，ブランコ，雲梯（うんてい），鉄棒，登り棒のような主に屋外に設置された遊具を指す。これらは子どもが環境と関わることで，自発的な活動を促しさまざまな経験を積む機会を増やせるような配置であることが望ましい。

固定遊具

　また，文部科学省『**幼稚園施設整備指針**』の第4章　園庭計画，第3遊具には下記指針が示されている[3]。

幼稚園施設整備指針

① 　固定遊具等は，幼児期の心身の発達にとって重要な役割を果たすことを踏まえ，幼児数や幼児期の**発達段階**，利用状況，利用頻度等に応じ必要かつ適

発達段階

● 写真9-2 ● 　園庭のつり輪

● 写真9-3 ● 　園庭の滑り台

切な種類，数，規模，設置位置等を検討することが重要である。その際，自然の樹木や地形の起伏等を遊具として活用することや幼児のみで利用しても十分な安全性及び耐久性を備えた仕様のものを，衛生面も考慮しつつ選定することが重要である。特に，朝礼台や金属のポール等は必要に応じ，カバーを設置する等衝突事故防止に配慮した計画とすることが重要である。また，幼児の想定外の使い方による落下，衝突，転倒などに配慮することが望ましい。
② 固定遊具，可動遊具ともに定期的に安全点検を行い，破損箇所の補修を行う等日常的な維持管理を行うことが重要である。とりわけ，揺れ，回転，滑降等を伴う遊具の設置については，安全性確保の観点から慎重に対処することが重要である。
③ 固定遊具の支柱の基礎部分及び遊具の周りは，幼児の安全に配慮した仕上げ，構造等とすることが重要である。
④ 幼児の興味や関心，遊びの変化等に応じ遊具の再配置が可能となるように，可動遊具や組立遊具を安全性に留意して導入することも有効である。

　発達段階に合わせ，子どもの自由な発想および自発的で創造的な遊びが展開できる適切な種類・数・規模の遊具を設置することもさることながら，安全面，耐久面には十分配慮した設計が必要となる。

（2）移動遊具

　跳び箱や平均台のような**大型移動遊具**と，ボールやフープなどのような**小型移動遊具**に大別される。**移動遊具**は固定遊具と違い，配置の変更ができ，屋外と屋内問わず設置できることが最大の特徴である。

　この配置換えの特性を生かし，大型移動遊具同士を並べる，または，組み合わせることで，空間や場所にあわせて遊びの場を構成することができる。これにより子どもは常に新鮮な気持ちで遊具を活用し遊びを展開することができる。

大型移動遊具

小型移動遊具
移動遊具

●写真9-4● 巧技台

●写真9-5● フープ

2 自然と触れ合うことを目的とした園具・遊具

　子どもが身近な自然に興味を持つために有用な園具・遊具としては，小動物の飼育小屋や飼育箱，花壇や菜園が挙げられ，そのほかに季節の変化による落ち葉や雪，天候による木陰や水たまり等もそれらに含まれる。小動物や植物との関わりに関しては第10章で詳述されるが，ここでは園具としての**飼育小屋**や**飼育箱**，また花壇や菜園について，物的環境としての園具という観点から触れておきたい。小動物や植物を育てるということは，保育者は生命の尊重を育む活動になることを願っている。その願いが最大限に得られるように，それらの園具を配置する必要がある。具体的には，飼育小屋や飼育箱であれば，日当たりや風通しはもちろん，保健衛生上の配慮を十分にすることが求められる。また，実際に子どもたちが世話をする様子を想定して，世話をしやすく，かつ観察しやすい構造にすることが大切である。花壇や菜園についても日当たりや風通しを検討しておくことや，また子どもたちが日々世話をする姿を想像・想定した上で場所を決める必要があることは同様である。

飼育小屋
飼育箱

3 さまざまな教具

　子どもは幼稚園・保育所生活の中で，みずから心を動かし，やりたいことを実現していくなかで，主体的に活動を選び取り，心の中の世界をさまざまなやり方で表現する。そしてそれを促すものとして環境があるが，ここでは物的環境のなかでも子どもたちの表現活動を促す素材についてまとめる。

（1）　描いたり，つくったり（描画，制作）をうながす素材，用具

　描画や制作を促す素材・用具としては，**指絵の具**，絵の具，フェルトペン，マジック，色鉛筆などが挙げられる。これらを子どもたちが自由

指絵の具

に使えるようにし，さまざまな材料・用具に親しみながら表現の楽しさを味わえるようにする。保育者が使う材料・用具を限定するのではなく，子どもたちが自身のイメージや描きたいもの，つくりたいものに合わせて使いたい材料・用具を自由に使えるように援助することが必要である。また，活発な制作活動を促すために，空き箱，紙コップや紙皿，ストローなど，子どもが扱いやすい素材を十分に用意し，イメージをふくらませながら楽しみながらつくれるようにする。その際，材料や用具を大切に使うことを指導の中で伝えることに留意したい。また，ハサミやカッターなどを使う際には，子ども1人ひとりの力量を把握した上で，安全に制作活動が行えるように指導することも，前提として押さえておきたい。

（2）　可塑性に富んだ素材，感触を楽しむ素材

　粘土は，力を加えるとへこんだり，平らになったり，ねじったりと何度も自由に形を変えることができる（**可塑性**という）。また，粘土と一口に言ってもその素材は土，油，紙，小麦粉などさまざまなものがあり，それぞれ性質が異なっている。素材によってぬるぬる，べとべと，がさがさなどさまざまな**皮膚感覚**を味わうことができる。とくに**油粘土**は伸びやすく手にもつきにくいという利点がある。さらに，乾燥しやすく成形が難しい**土粘土**は，体全体を使って表現が行える点からも，子どもが幼稚園や保育所などで初めて触れる粘土としては望ましいといえる。

可塑性

皮膚感覚
油粘土

土粘土

（3）　身体表現を引き出す素材・用具

身体表現

　子どもは，音楽に合わせて自然に体を動かしたり，声を合わせて歌ったり，楽器を演奏したりと，音や声や体で自分を表現したりすることを楽しむようになる。その際に大切なのは，踊り方や歌い方，楽器の演奏の仕方を初めから教え込むことではなく，自由に歌ったり，踊ったり，楽器を演奏することの楽しさを存分に味わうことができるようにすることである。保育者が歌ったり，ピアノの演奏をしたり，CDを再生したりして，あくまでも子どもの自由で活発な表現活動が促されるように努めるとともに，リボンやポンポン，衣装などを用意しておくことも，表現活動を促進するために有用・有効である。

【引用文献】

1）内閣府・文部科学省・厚生労働省『平成 29 年告示 幼稚園教育要領 保育所保育指針 幼保連携型認定こども園教育・保育要領〈原本〉』チャイルド本社，2017 年

2）文部科学省・幼児期運動指針策定委員会「幼児期運動指針 別紙 1 4 幼児期の運動の在り方」2012 年（https://www.mext.go.jp/a_menu/sports/undousisin/1319771.htm，最終閲覧日 2022 年 6 月 16 日）

3）文部科学省「幼稚園施設整備指針 第 4 章 園庭計画 第 3 遊具」2009 年，（https://www.mext.go.jp/a_menu/shisetu/seibi/1261375.htm，最終閲覧日 2022 年 6 月 16 日）

【参考文献】

1）淀澤真帆「「維持される」物的環境は子どもにどのように使われているのか—コマ遊びへのかかわりを通して」『教育学研究ジャーナル』中国四国教育学会，**20**，2017 年，pp. 51-60

2）高橋節子「子どものための物理的環境とは何か」『人間環境学研究』**13**(1)，2015 年，pp. 21-36

3）柴崎正行編著『実践例でわかる環境のポイント 100』フレーベル館，1994 年

4）小田 豊・湯川秀樹編著『保育内容 環境（新保育ライブラリ）』北大路書房，2009 年

お　薦　め　の　参　考　図　書

① 栁澤秋孝・栁澤友希『0 〜 5 歳児の発達に合った 楽しい！運動あそび』ナツメ社，2014 年

② 山下久美・鑄物太朗『保育園・幼稚園でのちいさな生き物飼育手帖』かもがわ出版，2015 年

③ 『新 幼児と保育』編集部編『子どもとアート—生活から生まれる新しい造形活動』小学館，2013 年

④ 成田 孝『発達に遅れのある子どもの心おどる土粘土の授業—徹底的な授業分析を通して』黎明書房，2008 年

ま と め

1 保育における子どもの周囲を取り巻く環境は，人的環境と物的環境の2つに大別される。

2 物的環境とは，園舎・砂場・ロッカー・ボールなどの，園具・遊具と教材等を指す。

3 遊具は，ジャングルジムやブランコ・登り棒などの固定遊具と，平均台やフープなどが移動遊具に大別され，移動遊具は大型のものと小型のものに区別される。

4 自然と触れ合うことを目的とした園具としては，飼育小屋や飼育箱，花壇や菜園などが挙げられる。

5 描画，制作をうながす素材，用具としては，指絵の具，絵の具，フェルトペン，マジック，色鉛筆などが挙げられる。

6 自由に形をかえることができる素材としては粘土があり，とくに土，油，紙，小麦粉などは素材の特性を生かして活用することができる。

7 身体表現を引き出す素材・用具としては，ピアノやCDプレイヤー，楽器，リボンやポンポンなどがある。

演 習 問 題

1 チョウの幼虫を園で飼育することになった場合を想定して，飼育箱の中身や配置を考えてみよう。

2 描画，制作をうながす材料，用具としてさまざまなものがあるが，それぞれの特性や利点，欠点を整理してみよう。

3 粘土にはさまざまな素材のものがあるが，それぞれの粘土の特性や利点，欠点を整理してみよう。

第 10 章

自然環境としての動植物

諸感覚（五感）を使って**自然環境**と関わる体験は，子どもたちの感受性や心情を育て，思考力，身体能力などを高めるとともに**生きる力**の源になる。しかし，現代の子どもは，自然との接触経験が極端に少なくなっている。自然と直接的に関わり，多くの体験ができる機会と環境を保育現場に用意することは，大変重要なことである。

自然環境

生きる力

 ## **1** 自然環境と子ども

（1） 子どもと自然との関わりの現状

昔は泥だらけになって日が暮れるまでさまざまな年齢の仲間と遊ぶ子どもの姿が多く見られていた。自然の中で次々に起こる新しい出来事（子どもたちにとっての発見や困難）を仲間と一緒に体験し学ぶことが多くの成長につながっていたのである。しかし，この数十年で子どもたちの**自然体験活動**は激減している。原因としては，開発により自然環境が減ったことや，子どもたちの塾や習い事が増えた事により遊ぶ友だちや時間が減ってしまった事，DVD・デジタルゲーム・携帯電話（スマートフォンを含む※）・インターネットなど個人でも楽しめるバーチャル体験が急激に普及したことが考えられる。

自然体験活動

中央教育審議会が「青少年の現状等について」という調査を小学生対象に行っている。自然体験について「ほとんどしたことがない」割合を，平成 10（1998）年と平成 17（2005）年で比較する中で「チョウやトンボ，バッタなどの昆虫をつかまえたことがほとんどない」は 19％から 35％に増加している。このデータから現代の子どもだけではなく親の世代まででも，幼少期に虫捕りといった自然と関わる遊びが減少してることが読

※ 令和元（2019）年携帯電話・スマートフォン利用率（内閣府調査）小学生62.1％，中学生 79.7％，高校生 98.7％[1]

み取れる。親自身が自然で遊んだ経験があまりないため，子どもを自然環境で遊ばせたいが，どう遊ばせたらいいかわからないといった家庭が増えている。さらに，メディアの過度な情報流出により，自然のなかでの注意すべき生き物や日焼け，衛生面などを過剰に意識することで自然環境で子どもを遊ばせることに抵抗を感じる大人が増えている。自然体験の機会が少なくなると，綺麗なものを見て美しいと感じる心が育たないということも懸念される。美しいと感じる心は，生まれたときから当たり前のように身に付いているものではなく，周りの自然環境を通して，身近な人とのコミュニケーションの中で体験したり，感受したりして獲得していく感情なのである。

　この様に，親が子どもに充実した自然との関わりを与えてやれない現状であるため，保育実践での自然との関わりはより重要なものになる。幼稚園・保育所・認定こども園において，国の指針をしっかり理解した上で乳幼児の保育に携わっていく必要がある。

（2）　保育内容「環境」においての自然

　幼稚園教育要領，保育所保育指針，幼保連携型認定こども園教育・保育要領の領域「環境」において，満3歳以上の子どもの教育及び保育に関する「ねらい」及び「内容」で，とくに「自然」に関する文言を抜き出すと，次のように記載されている[2)3)4)]。

ねらい
- 身近な環境に親しみ，自然と触れ合う中で様々な事象に興味や関心をもつ。

内容
- 自然に触れて生活し，その大きさ，美しさ，不思議さなどに気付く。
- 季節により自然や人間の生活に変化のあることに気付く。
- 自然などの身近な事象に関心をもち，取り入れて遊ぶ。
- 身近な動植物に親しみをもって接し，生命の尊さに気付き，いたわったり，大切にしたりする。

　これらは，好奇心や探究心の旺盛な幼児期に，自然などの身近な事象と十分に関わりをもつことで，興味や関心を引き出し，それらに対する豊かな心情や思考力の基礎を培うともに，心身を調和的に発達させるう

えで重要であることを示している。

2 動物と子ども

（1） 身近な小動物と関わることの意義

　子どもが日々の生活のなかで，**身近な小動物**に関わり，興味深く観察 **身近な小動物**
し，親しみをもつことができるような環境づくりを目指していく必要が
ある。そのためには，「春には，オタマジャクシをこの田んぼに見つけ
に行こう」「夏には，この公園にセミがたくさんいる」など，保育者自身
が園内や園周辺の身近な小動物に興味や関心をもつことが大切である。
そして，子どもたちに，どのように関わりをもたせられるかを考えて，
計画的に保育していくことが望まれる。

--- ❦ **事例①** ❦ ---

> **ダンゴムシみつけた！（1歳児）**
> 　T児がダンゴムシを見つけた。T児にとってダンゴムシは知らない生き物だったが面白いものを見つけ
> たと思った。T児は勇気を出してダンゴムシを拾い上げ，大好きな保育者に笑顔で見せに行った。虫が大
> 嫌いな保育者は「きゃー！」とその場から逃げだしてしまった。T児も驚いて，持っていたダンゴムシを
> 投げ捨てた。

　T児は，保育者を困らせようとしたわけではなく，面白いものを見せ
て喜んでもらおうと思ったのである。しかし，自分が信頼している保育
者が嫌がれば，T児はそのダンゴムシを悪い生き物と認識してしまうこ
とになる。子どもたちが身近な生き物との関わりをもつためには，保育
者が触れられないまでも，そばで**共感**することが大切である。そのため， **共感**
虫などの生き物が苦手な保育者は，少しでも慣れようとする努力が必要
である。また，毒をもっていて，子どもたちに触れさせないように注意
しなければならない生き物の特徴と，被害にあったときの応急処置法を
知っておくことも重要である。

（2） 飼育活動と保育

1）保育者が子どもと動物との関わりをつくる

　個人差はあるが，乳幼児は動きのある身近な小動物に興味を示すことが多い。その興味をなくしてしまうも，広げてさらに深めるも，保育者の関わり方や力量にかかってくる。ダンゴムシなどを小さな入れ物などに集めて満足している子どもをよく見かけるが，この興味をさらに深めるために，「こうやって丸まるんだね」「模様があるダンゴムシもいるね」などと言葉をかけて1匹の虫をよく観察するように意識付けることも重要である。そして，図鑑や絵本に関連付けることで，その生き物のことをもっとよく知ることになり，実物の小動物への興味や**知的好奇心**が深まっていく。

知的好奇心

　さらに，園内の生き物だけでなく，保育者が季節の生き物を理解したうえで，地域での生息場所を事前に調べておき，春の散歩で田んぼにオタマジャクシを見つけに行ったり，夏には公園でセミをとったり，秋には草むらにコオロギを探しに出かけたり，さまざまな生き物と直接的な体験で関わりをもてるようにすることが大切である。

2）野生の生き物を飼育する

　野生の小動物を育てるときには，生き物の命を預かる身として，どんな飼育環境で何を食べるかなど，しっかりと調べておく必要がある。餌やりや環境面で飼うことが困難な生き物は，少し観察したあとで，「狭いケースに食べ物なしで閉じ込められたらどんな気持ちだと思う」などと，子どもと話し合いの時間をもち，逃がすように促すことも命と向き合うことを伝える保育者の役割である。

　チョウの場合，卵から飼えば，幼虫→さなぎ→チョウの変化を**観察**できる。日々の変化への驚きと喜びに保育者も共感し，成虫（チョウ）になったときには，餌をあげることが難しいので，すぐに逃がしてあげるように促すことも大切である。みんなで，愛着をもって大切に育てたチョウとお別れするときは，寂しさを感じるだけでなく命に責任をもって飼育した子どもたちが達成感を得ることに視点をおきたい。

観察

寝てるのかな？（3歳児）

　3歳児クラスでは，保護者からもらったカブトムシの幼虫を飼育をしていた。透明なケースの端っこに幼虫が見えるたび興味津々の子どもたち。あるとき，幼虫が土の上にあがってきていたので，子どもたちはとても心配そうに見守っていた。少しすると，幼虫も落ち着き，土の中でじっとするようになった。動かない幼虫を見てB児は"寝てるのかな？"と思い「おーい！」と大きな声を出して呼んでみた。するとC児は小声で「しー！　カブトムシの赤ちゃんが寝てるから，静かにしてー」とカブトムシの幼虫を気遣っていた。

　野生で自由に動き回る生き物を園内で飼育することの利点は，生き物のさまざまな変化に気付けることである。この事例②では，ふだんは土の中にいるはずの幼虫が土の上にいるという変化に子どもたちは気付き心配している。さらに土の中で静かにしている幼虫に，動きを要求するB児に対し，カブトムシの幼虫に愛着をもって「静かにして！」と気遣うC児。この様な生き物に対する優しい言動は，生き物に対しての思いやりの心を育てる機会になっている。

　さらに成虫になってからの関わり方も大事である。カブトムシを絵本やテレビ画面の映像で見て，「カブトムシ」という言葉と知識を得ていても，それは現実の体験ではない。生き物の成長を直接見て，幼虫がカブトムシになることを知り，成虫に直接触れることで足をバタバタさせるときの振動や，足の爪でチクっとする感触などを子どもたちは経験する。その**直接体験**からきた「カブトムシ」という言葉には，感じ取った多くの思いがつまっている。

直接体験

3）「生」と「死」の違いを直接体験する

　身近な生き物の「命」を保育に取り入れるときは，「生」と「死」の違いを，直接的な体験で感じ取ることが大切である。前述したように，幼虫から愛情をもって育て，成虫に直接触れて力強さを感じたカブトムシが死んでしまって，まったく動かなくなることを実体験するということである。直接的な感触と感情で「生」と「死」の違いを感じとることが，現実的な感覚で「命」というものを心に刻みこんで理解することになる。

身近な生き物の「命」

日本のカブトムシの場合，寿命は1年で秋には死んでしまう。子どもたちに，この死はすべての生き物が経験することで，「カブトムシさんは，おじいちゃん（おばあちゃん）になって死んじゃったんだよ」と伝えて，命の儚さを感じられるようにすることが大切である。このように，保育の年間計画において1年に1度，寿命での死と向き合う機会をもつことができるような飼育物を選択するとよい。また，雄と雌を飼育して卵を産んだら，自分たちが親から産まれたように，さまざまな生き物が次の世代へと命をつなげていることを伝えられる。

3 植物と子ども

（1） 植物の変化を感じ取る

　植物は動物と違い，自分で移動できない。とくに樹木は長年同じ場所に立っている。公園や園庭の定位置で動かないので，その変化を感じやすい自然物といえる。保育実践において，日本特有の**四季の変化**を直接体験をもとに感じられるように活動や環境づくりをすることが大切である。また，地域や季節によって，さまざまな植物を使った遊びができる。園庭に咲く花で色水遊びをしたり，木の実をままごと遊びに使ったり，野原で花の冠や草笛をつくったり，四季折々の植物で自由に遊ぶことは子どもたちの発想力を豊かにしていく。　四季の変化

　さらに，主体的な遊びが充実するように色水遊び用として子どもたちが自由に採取できる花びらのスペースを確保したり，すり鉢や透明のコップを事前に用意したりしておくなど，色水遊びを充実させ自然物で主体的に遊べる道具としての**物的環境**を整える必要もある。落ち葉や枝，花，ドングリなどを制作に使うとき，園内で手に入れることのできない自然物の場合は，季節に合わせて行く散歩や遠足のときに拾い集める。このように，子どもたちが四季を通して植物に関われるように，**保育の計画**を立てることが大切である。　物的環境

　保育の計画

冬の自然 （4歳児）

　　毎日遊ぶ園庭で，子どもたちが冬の自然を感じるようになった。手が冷たくなると，C児は自分のほっ
ぺに手を当てて「冷たい‼　Dちゃんもやってみてー」といって，ほっぺの触り合いっこをしている。E
児は園庭をぐるぐる走り回って体が温まると，「見てー」と口から出る白い息を指差して「ハァーってし
て‼」と言う。周りのみんなで「ハァー。ハァー」と，白い息を出し合って最後は大笑い。

　　また，落ち葉をたくさん集め，ままごとに使ったり，お空に向けて放り投げヒラヒラ落ちてくる様子を
キャーキャーいいながら楽しんだり，葉っぱを踏んで音や感触を楽しんだりしている子もいる。T児は，
見つけた1枚の落ち葉を大切にもち歩いて嬉しそうにしている。そんな姿は，大人にとって見慣れたもの
でも子どもたちにとっては1つひとつが新鮮な発見なのだと，改めて気づかせてくれる。

　　子どもたちが遊び慣れたいつもの園庭が，季節によって姿を変えてい
く。この事例③では，子どもたちが冬の寒さを諸感覚で感じ取っている。
冷たくなった手を自分のほおで体感したり，口から出る息の白さを目で
見て気づいたり，それを友だちと共有することで冬の寒さを楽しんでい
る。また，落ち葉を目で見て，色やヒラヒラ落ちる様子に興味をもち，
触ったり踏んだりして感触を感じ取ることで，子どもたちの**感受性**は育　　　　**感受性**
っていく。さらに，季節ごとの空気の温度，匂い，聞こえてくる音の違
いなど，さまざまな感覚を使って直接的に日本特有の四季を体験できる
ようにすることが大切である。

　　ここで桜の木に焦点を当ててみる。日本で代表的な春の花として有名
だが，花の時期にだけ観に行くのではなく，年間を通して変化を感じる
ことで子どもたちは桜の木のさまざまな魅力を感じ取ることができる。
花が散ると，初夏の若葉は徐々に色を変化させて力強い緑になり，秋に
は紅葉し，冬にはその葉を落とし枝だけになり，そして春になると蕾を
ふくらませ，また花を咲かせる。1年が経ち，また同じ季節が巡ってき
たときに，桜の木の変化から季節が繰り返されていることを感じ取るこ
とができる。無計画に自然と関わり散歩や遠足に行くのではなく，まず
保育者自身が季節の変化に感動する心をもち，子どもたちに自然のなか
で何を感じてもらいたいかという目的意識（保育者の願い）をもって保
育することが大切である。

（２） 栽培活動と保育

１）食につながる栽培活動

　園外の植物とは違い，園内の栽培物は，身近な自然物に興味を抱きながら自分たちの力で責任感をもって「育てる」というところに大きなポイントがある。お世話するなかで，日々の成長を期待しながら観察したり，花を咲かせたり，収穫物を得たりしたときには大きな喜びと達成感がある。とくに，食育としての栽培は，食と自然のつながりを実際に体験することである。まずは，保育者が栽培に興味をもち，変化に気づく感性をもつことが大切である。種をまいたり，苗を植えたりするときに，「早く芽が出たらいいね」「実がなったらどうやって食べようか」などと，子どもたちと一緒に期待しながら栽培することで，毎日の変化が楽しみになる。

　栽培計画のなかで大切なことは，行き当たりばったりで育てるのではなく，事前に栽培方法を調べ，出来るだけ子どもたちの感動的な収穫体験につながるように下準備を行うことである。しかし，自然が相手の栽培活動は計画通りにいかないことが多々ある。もし，途中で枯れてしまっても，次の期待につなげたり，枯れてしまった理由を子どもたちと考えたりして，失敗体験を充実した保育実践につなげるのは，保育者の大切な役割である。

２）子どもたちが主体のクッキング活動

　収穫物を食べるときは，その調理法をみんなで相談しながら，子どもたちが主体的に手伝えるクッキング活動をすることが大切である。また，植物の命を自分たちの栄養として大切にいただくという意識をもてるようにすることなどが**食育**につながる。自園給食の場合，たくさん収穫できた野菜は，給食で使ってもらうことにより，調理師さんとのつながりができ，自分たちの育てた野菜が，いつも食べている給食に入っているという喜びになる。

食育

　さらに，食べるだけでなく，花が咲くブロッコリーであれば食べきれなかった蕾（つぼみ）を花として咲かせたり，種をとったりすることもできる。ま

た，ナスやオクラなどはヘタの部分を使って野菜スタンプができる。このように，保育実践においての栽培は「育てる」「調理する」「食べる」にとどまらず，制作活動や描画活動を行ったり，関連のある季節の歌を歌ったり，豆を育てて"ジャックと豆の木"などの劇遊びをしたり，さまざまな活動につながるように保育を計画することを心掛けたい。

3）食への意欲を高める栽培活動

食への意欲

　子どもが苦手な野菜でも，自分で育ててクッキングした栽培物は積極的に食べたという保育事例はよくある。子どもたちは，栽培活動のなかで野菜の成長過程を観察し，さまざまな変化を感じ取ることで愛着が湧いてくる。小さな苗から立派に成長し，花が咲き，実が成ったときの子どもたちの喜びは何物にも代えがたい経験になる。友だちと一緒に育てて収穫し，それを調理した経験をもとに，特別な体験の味を心で味わっているのである。

　このように，クラス担任が栽培物のなかに子どもの苦手克服のための野菜を意図的に入れる場合がある。しかし，幼児クラスでは子どもたちに栽培してみたいものやクッキングでつくってみたいものを聞き，みんなで話し合い，**主体的**に栽培活動を展開していくことが大切である。そ

主体的

して，栽培を単純に植物を育てる活動として捉えるのではなく，その体験を通して子どもたちがどんなことを感受し成長するかに視点を置いて保育の計画を立てていくことが重要である。

　保育実践においての栽培は，日々の変化を感じ取る**観察眼**や，気持ちを込めて世話をしようとする思いやりの心，枯れないようにお世話する

観察眼

責任感などを育む。このような子どもの成長を引き出すためには，まず保育者が栽培物に興味・関心をもつことで変化に気づき，子どもと一緒に感動することが大切である。大きな菜園などがない園では，プランター等で栽培を行い，子どもたちが日々の変化を確認できるような場所に，栽培物を配置しておく必要がある。

◆4 園外保育

　本来なら園内に，季節の移り変わりを体感できる動植物などの自然環境を多く用意することが望ましい。しかし，そのような環境に恵まれない園では散歩などの**園外保育**を積極的に取り入れていく必要がある。子どもの年齢に合わせて安全を確保しながら，地域の自然に触れ，興味・関心をもつ機会をつくる。そのためには，公園の木々，虫や鳥の姿や鳴き声，土手に生えている草や花の変化など，地域の散歩コースを事前に保育者が下調べをしておく必要がある。そうすることで子どもたちに，何を観てどんなことを感じてもらいたいかがはっきりし，散歩することの意義が増していく。

園外保育

　新しい散歩コースを巡ることに子どもたちは喜ぶが，季節ごとに同じコースを散歩することで，季節の変化に気づくことができる。たとえば，「春には草むらではなかったところが，夏にはうっそうとした虫たちのすみかになり，秋には虫たちの鳴き声が聴こえてくる，しかし，冬には生き物の気配がなくなり，旺盛だった草花も枯れはてる」などの変化に保育者が気づかせ伝えることで，子どもたちは自然との関わりをより実感することができる。

　ここで大切なのは，保育者が室内で絵本などを使い季節を伝えるだけではなく，実際の散歩先で自然に直接触れ，観て，空気の温度や匂いを体感することが，日本特有の四季を感じとり，子どもたちの豊かな感受性を育てるということである。

【引用文献】
1）内閣府「令和元年度 青少年のインターネット利用環境実態調査 調査結果（速報）」2020 年，p. 5（https://www8.cao.go.jp/youth/kankyou/internet_torikumi/tyousa/r01/net-jittai/pdf/sokuhou.pdf，最終閲覧日 2022 年 6 月 9 日）
2）文部科学省『幼稚園教育要領解説』フレーベル館，2018 年，pp. 193-212
3）厚生労働省編『保育所保育指針解説』フレーベル館，2018 年，pp. 228-241
4）内閣府・文部科学省・厚生労働省『幼保連携型認定こども園教育・保育要領解説』フレーベル館，2018 年，pp. 260-269

お薦めの参考図書

① 大澤　力編著『自然が育む子どもと未来』フレーベル館，2009 年

② 農文協編『学校園おもしろ栽培ハンドブック』農山漁村文化協会，2010 年

③ 井上美智子・無藤　隆・神田浩行編著『むすんでみよう子どもと自然―保育現場での環境教育実践ガイド』
　 北大路書房，2010 年

④ 青木久子『環境をいかした保育　春／夏／秋／冬』チャイルド本社，2006 年

⑤ 出原　大『毎日の保育で豊かな自然体験！自然・植物あそび一年中』学研教育出版，2010 年

まとめ

1 現代の生活環境の変化により，子どもが自然と関わる遊びが減少しており，幼稚園教育要領，保育所保育指針，幼保連携型認定こども園教育・保育要領の領域「環境」において，幼児期に自然などの身近な事象と十分に関わりをもつことが重要であることが明記されている。

2 保育者自身が園内や園周辺の身近な小動物に興味を持ち，子どもたちにどのように関わりをもたせられるかを考えて計画的に保育していくことが望まれる。

3 飼育物の命に責任をもって管理することで，その儚さや重さを感受する機会になり，直接的な感触と感情で「生」と「死」の違いを感じとることが，現実的な感覚で「命」というものを心に刻みこんで理解することができる。

4 定位置で動かない植物は，変化が感じられやすい自然物といえる。日本特有の四季の変化を直接体験をもとに感じられるように，保育実践や環境づくりをすることが大切である。

5 栽培活動は，身近な植物に興味を抱きながら自分たちの力で育てる責任感を養うとともに，日々の成長を観察しながら，花を咲かせたり，収穫物を得たりすることで大きな喜びと達成感につながる。

6 野菜を園で育てて調理するなど，実際に栽培した植物の命を自分たちの栄養として大切にいただくという意識をもつことなどが「食育」につながる。

7 自然環境に恵まれない園では散歩などの園外保育を積極的に取り入れていく必要がある。散歩先で自然に直接触れ体感することが，日本特有の四季のなかで子どもたちの豊かな感受性を育てることになる。

演 習 問 題

① 自然体験活動の減少やICT・デジタル機器への依存など，ここ数十年で激変した子どもと自然との関わりの現状についてグループで話し合ってみよう。

② なぜ，身近な生き物と子どもたちが直接的に関わることが大切なのかを考えてみよう。

③ 日本特有の四季において感じられる自然環境（自然物など）を，出来るだけ多くあげてみよう。

第**11**章

安全教育と保育環境のデザイン

　子どもたちの周りは楽しいことのほかに危険もいっぱいある。子ども
たちが自由に遊びまわっている中で思いもかけない事故が発生すること
がある。擦り傷やかすり傷などは子どもの成長過程の中で当然経験する
もので，大きな問題ではないが，死亡に至る事故や後遺症の残るような
事故は絶対に避けなければならない。そのためには，日常の**安全管理**を
常に見直し，子どもたちへの安全教育を具体的に行い，事故を未然に防
止することが大切である。もし，事故が発生した場合でも，被害が大き
くならないような**安全環境**をつくっていく必要がある。

安全管理

安全な環境

 重大事故の現状

（1）　増加している重大事故

　子どもに大きなけがをさせないことは，保育施設にとって最優先にな
される事項である。保育所での大きな事故については，平成 27（2015）
年に，自治体から国への報告が義務づけられ，その結果が公表されてい

● 表 11-1 ●　令和 3（2021）年 1 月 1 日から 12 月 31 日の間に発生した死亡・重篤事故

	認定こども園・幼稚園・保育所等	放課後児童クラブ	合　計	割　合
負傷等	1,867	475	2,342	99.8%
（うち意識不明）	(14)	(0)	(14)	（負傷等の 0.6%）
（うち骨折）	(1,480)	(408)	(1,888)	（負傷等の 80.6%）
（うち火傷）	(7)	(3)	(10)	（負傷等の 0.4%）
（うちその他）	(366)	(64)	(430)	（負傷等の 18.4%）
死亡	5	0	5	0.2%
事故報告件数	1,872	475	2,347	100%

出典：内閣府子ども・子育て本部「「令和 3 年教育・保育施設等における事故報告集計の公表につい
て」p. 1，2022 年より作成（https://www8.cao.go.jp/shoushi/shinseido/outline/pdf/
r03-jiko_taisaku.pdf，最終閲覧日 2022 年 7 月 20 日）

る。令和 3（2021）年に保育施設・幼稚園・認定こども園などで発生した重大事故（死亡事故と 30 日以上の治療を要した負傷・疾病の合計）は 1,872 件であり，報告義務化後に公表された 7 年間では連続して増加している。

（2）　重大事故の起きやすい場面と事故の態様

平成 30（2018）年度から適用されている新しい保育所保育指針では，第 3 章「健康及び安全」の「3．環境及び衛生管理並びに安全管理」の「(2) 事故防止及び安全対策」に事故防止の取り組みを行うときの留意点が，新たに取り入れられた。ここでは，重大事故が発生しやすい場面として，睡眠中，プール活動・水遊び中，食事中等の場面を例示している。

1）睡眠中の事故

内閣府によると，2015〜17 年の 3 年間に全国の保育所や認定こども園などで 35 件の死亡事故があったが，そのうちの 7 割が睡眠中に起きたものであった。睡眠中に乳幼児が死亡するのは，窒息などの事故と**乳幼児突然死症候群**（SIDS：Sudden Infant Death Syndrome）という病気による。**SIDS** の発生する原因は不明だが，うつぶせで寝かせたときの方があおむけで寝かせたときよりも，発生の確率が高いことが研究によって明らかになっている。このため，医師の指示がない限り，あおむけ寝を原則とすべきだが，あおむけ寝でも SIDS は発生しており，普段通りの呼吸をしているかなど睡眠中の様子をこまめにチェックすることが必要である。また，睡眠場所にタオルやぬいぐるみなどの口鼻を防ぐものは置かないこと，柔らかい布団や枕は避けること，子どもの顔色が分かるように部屋の明るさに注意することなどの保育環境を整えることが必要である。

乳幼児突然死症候群

SIDS

❦ **事例①** ❦

睡眠中の事故（0 歳児）

平成 9（1997）年に認可保育所で，ベッドにうつぶせ状態で寝かされていた 4 ヵ月の乳児が死亡する事故があった。担当保育者 A は保育室のベッドにうつぶせ寝をさせたあと，他の子どもの給食の世話のため

にベッドを離れた。約5分後にベッドに近づいた別の保育者が異変を感じてAに知らせ，その10分後に病院で治療が行われたが，ベッドで睡眠に入ってから50分後に死亡が確認された。乳児の死因をめぐっては，解剖所見によっても，明らかにならなかった。しかし，裁判所は死因は窒息死であると認定し，Aには不法行為責任，保育所を設置する社会福祉法人Xには使用者責任を認め，損害賠償を命じた。Aの過失は，うつぶせ寝をさせていて，顔が見えない状態なのに，子どもの状態を十分に確認しない動静注視義務違反があったというものである。A，Xは控訴したが，第二審も同様の判断であった。

2）プール・水遊びの事故

　プールや水遊びは子どもにとってとても楽しいものであるが，他の遊びに比べて重大事故の起きる可能性が高い活動であり，園全体の共通した認識が不可欠である。活動する前に**安全な環境**を整備しておくことが必要であり，プールに亀裂や破損がないか等を点検しておくことは重要なことである。50年以上前のことではあるが，小学校のプールサイドの床が抜け，多くの生徒が転落して，死傷する事故も起こっている。

安全な環境

　プールサイドは滑りやすくないか，プールの水温は適当か，プールに異物が入っていないか，水深は年齢に応じた深さに調整されているか，日よけ対策をしているか，事故が起きた場合にすぐに園長や救急車要請が出来るようになっているかなど，施設設備の安全点検を確実にしておかなくてはならない。

　人的環境としては，**プール指導をする者と監視をする者**を分けて，複数配置し，監視にあたる者はプール指導の補助をせず，監視のみに専念する。どうしてもその場を離れる必要がある場合は，必ず別の人に監視役を引き継いでから離れる。監視中はプール全体を視野に入れ，人数を常に確認すること，また，目線を常に動かし，動かない子どもや不自然な動きをする子どもを見つける。溺れている子どもは苦しくて手足をバタバタさせるから，少しくらいその場を外れても気がつくはずという考えは誤っており，静かに溺れていることも多い。また，水深20cmでも溺死した事例もあるので，監視者は十分に注意しなくてはならない。

プール指導をする者と
監視をする者

●写真11-1● プールで遊ぶ子どもたち

プールや水遊びが始まる時期の前には，全職員が安全性についての理解を深めることが必要であり，緊急時の想定マニュアルも作成しておくことが大事である。平成30（2018）年実施の消費者庁・消費者安全調査委員会（消費者事故調）調査では，幼稚園・保育所・認定こども園の園緊急事対応マニュアルの作成率は5割であり，プール監視専念職員は一桁の配置に留まっており，安全意識の向上が求められる。

🌱 事例② 🌱

プールにおける事故（4歳児）

　平成29（2017）年8月に認可保育所で，4歳児が溺死する事故があった。3歳児から5歳児19人が深さ70～95cmの手づくりの仮設式プールで遊んでいるときに起こったもので，事故当時は監視に当たっていた保育者2名が，滑り台の片付けをしていた。子どもの声に気づいた保育者が水面を見たところ，子どもがうつぶせの状態で浮いていた。目を離していた時間は，数十秒から最長でも3分程度だったというが，このような短い時間でも事故は起こる。子どもは意識不明の状態で病院に搬送されたが，翌日亡くなった。

　事故当日は，異年齢児がプールに入っているのに，暑い日が続いたので水の量を通常時より多くしていた。通常と異なったことをするときほど，細心の注意が求められる。

3）食事中の事故

　「食」は子どもが豊かな人間性を育み，生きる力を身につけるために重要なものとされ，「**食育**」は保育内容の一環として位置づけられる。保育所での食事においては，子どもが食事をする空間が必要であるが，隣の子どもとぶつかって箸やフォークが口に刺さらないためには，幅が600mm，食器を置くための奥行き300mmの空間が必要とされる。

　食事中に起きる事故には，誤飲・誤食による**窒息事故**と**食物アレルギー**による**アナフィラキシーショック**がある。食べ物の大きさ，硬さ，形，粘着度に気をつけ，子どもの食べ方にも注意しておく必要がある。食べ物の大きさや材質は，年齢によって異なる扱いが必要であるが，3歳児までは，食べ物以外のものも口に入れる可能性があるので，子どもの手の届く範囲に，口に入るものがないか注意しておく。

　同じ年齢でも月齢により，歯の発育や咀嚼力に差がある

食育

窒息事故
食物アレルギー
アナフィラキシーショック

● 写真11-2 ● 保育所での楽しい食事

ので，個々に応じた量，大きさに調整することが求められる。食事は座ってとり，トイレなどで席を立つ場合には，口の中に食べ物が入っていないかを確認する必要がある。これは，転倒によって食べ物が気管に入ることを防ぐために行うものであり，子どもには食事中に立ち歩くことが危険であることを機会あるごとに指導しておかなければならない。

🌱 事例③

食事中の事故（3歳児）

　平成 24（2012）年，保育所のおやつの時間に出された白玉団子を食べた 2 歳児が喉に詰まらせる事故があった。保育者がとろうとしたがとれず，到着した救急隊員によって白玉が取り除かれた後に，病院へ搬送された。1ヵ月後に，意識が戻ることなく死亡した。白玉はフルーツポンチの具として提供されたもので直径は 2 cm 程度であった。他園の多くは 2 歳児に白玉団子を原形のまま出していなかったが，これは，平成 22（2010）年に小学校で起きた白玉による窒息死亡事故の情報が生きていたからである。本事案の事故調査報告書（2012 年）でも，この事故の情報が共有されていれば，この保育所の事故は避けられたのではないかと分析している。

　アレルギー疾患を持つ子どもは年々増加している。このうち，食物アレルギーを持つ子どもは，小学校に比して保育所でその割合が多い。食物アレルギーの症状の 10％が，血圧や意識が低下してアナフィラキシーショックを起こしている。**アレルギー源**となる食べ物の誤食で，命に関わる事故も起きている。食物アレルギーがあるか，どのような対応が必要かについてはあらかじめ，保護者から情報を得ておき，アレルギー源の除去食を提供するか，欠食にするかを決めておく必要がある。

アレルギー源

　子どもの情報は，食事が子どもの口に入るまでの各工程に関わる全ての職員で共有し，アレルギー源の入った食物が提供されないようにチェックすることが求められる。食事の提供に当たっては，他の子どものものと分かりやすく区別するために，食器やトレーなどの色や形を変えることなどの工夫が必要である。除去食が提供されても，他の子どものものをもらったりすることがないとはいえないので，そのようなことをしないように指導をしておく必要がある。

　予防をしていても，事故は起こりうるので，事故が起きた場合を想定した対策を立てておかなければならない。アナフィラキシーショックが

起きたときには，**エピペン**®（アドレナリンの自己注射薬）で一時的に症 **エピペン**®
状の進行を緩和出来るので，病院での治療開始までの応急措置として有
効である。緊急時にエピペン® を打つことは医師法に違反しないとされ，
居合わせた職員の誰もが打ち方を知っておくようにするべきであるが，
保護者との意思疎通を図り，その了解をとっておく必要がある。

2 保育の安全環境

　安全に配慮しなければならないのは，睡眠中，プール活動・水遊び中，
食事中に限られるのではない。登園してから降園するまでのあらゆる場
面で事故のないように注意をしていく必要がある。また，保育者間の連
携という視点も重要である。

（1）　登園前後の安全

　子どもの登園方法は，徒歩，送迎バス，自動車，自転車などとさまざ
まである。とくに徒歩のときには，交通事故にあう確率が高いので，保
護者には，園内までは子どもの手を離さないこと，子どもには，保護者
の手を離さないことを指導しておくことが必要である。
　登園してきた子どもを受け入れる際には，顔色や手足の傷など子ども
の状態を確認し，保護者から前日ならびに，当日の朝の子どもの状態，
気になることを聞いておく。担任以外の保育者が受け入れた場合は，子
どもの情報を迅速かつ確実に担任に伝える。子どもの調子が悪いのに，
担任がそれを知らず症状を悪化させるようなことのないようにしなくて
はならない。

（2）　保育中の安全

　事故はいつでも起こり得るがとくに起こりやすいのは，自由遊び時間
である。よって，自由遊び時間に予想される子どもの行動や，事故発生
の恐れのある箇所を考慮しながら，保育者の配置等を工夫する必要があ
る。また，事故の被害を拡大しないために「子どもが意識を失い，緊急

搬送する」などの状況に備えたシミュレーションを行っておき，実際に
そのような状況となった場合にはパニックに陥らずに連携できる体制を
確立しておくことが必要である。

（3） 登降園の安全

　登園・降園の途中で事故は起きやすい。保護者をも含めた安全教育の
効果が，この登降園の際に生かされるといえよう。バスによる送迎の場
合には，バスから降りる際の飛び出しにとくに注意したい。降園後には，
職員でミーティングを行い，当日の子どもや保護者，施設等の情報を共
有しておくとよい。

　最後に，事故につながりそうな**ヒヤリハット**を経験した場合には，共 ヒヤリハット
有し，対策を考えておくことが，安全環境の構築に繋がると考えられる。
また，「事故記録簿」を作成し，その原因や対策を協議することが重要
である。

3 安 全 教 育

　子どもたちの安全は，保育者だけでは守ることはできない。幼稚園や
保育所においては，日常の中のさまざまな機会をとらえて，危険に気づ
き，危険を回避し，危険に対処する能力を育成することが重要である。
そして，子どもに対しては，その発達を考慮した上で，遊具使用のルー
ルの徹底などきめ細かい安全指導を行うことが必要である。また，同時
に保護者の協力を得る必要がある。せっかく子どもに交通安全指導をし
ても，保護者が違反すれば，子どもはそれを真似し，意識が薄れてしま
うからである。

　子どもたちへの安全教育につながる言葉がけと保護者への啓発活動の
いずれもが大切なことであり，日頃の保育活動の計画にあたって心がけ
ておく必要がある。園外保育に出かける際には，全員分の**防災ずきん**を 防災ずきん
用意して担任が持ち運ぶといった意識の高い保育所や幼稚園等も増えて
いる。

【引用・参考文献】

1）内閣府「特定教育・保育施設等における事故情報データベース」(https://www8.cao.go.jp/shoushi/shinseido/data/index.html#database, 最終閲覧日 2022 年 7 月 20 日)
2）無藤 隆『幼児教育のデザイン』東京大学出版会，2013 年，pp. 19-41
3）日本公園施設業協会『遊具の安全に関する基準 JPFA-SP-S：2014』2014 年
4）定行まり子編著『保育環境のデザイン』全国社会福祉協議会，2014 年，pp. 67-69
5）田中哲郎『保育園における事故防止と安全保育［第 2 版]』日本小児医事出版社，2019 年，pp. 255-257
6）掛札逸美『子どもの「命」の守り方』エイデル研究所，2015 年
7）山中龍宏・寺町東子・栗並えみ・掛札逸美『保育現場の「深刻事故」対応ハンドブック』ぎょうせい，2014 年
8）文部科学省・国土交通省「プールの安全標準指針」2007 年
9）国土交通省「都市公園における遊具の安全確保に関する指針［改訂第 2 版]」2014 年
10）内閣府子ども・子育て本部「保育事故」『子ども・子育て支援新制度』2018 年
11）佐藤将之「インタビュー「子ども視点」で保育環境を見直す」『これからの幼児教育』2013 年度春号，ベネッセ教育総合研究所，pp. 16-17
12）古笛恵子編著『[改訂版] 事例解説 保育事故における注意義務と責任』新日本法規，2020 年，pp. 193-196，pp. 135-140，pp. 149-162，pp. 170-174，pp. 93-196
13）高木幹朗・谷口汎邦『建築計画・設計シリーズ 10 幼稚園・保育所／児童館』市ヶ谷出版社，2003 年，pp. 16-38
14）田村和之・古畑 淳・倉田賀世・小泉広子『保育判例ハンドブック』信山社，2016 年，pp. 60-61

お薦めの参考図書

① 遠藤 登『保育救命―保育者のための安心安全ガイド』メイト，2016 年
② 田中哲郎『事故を防ぐリスク感性を磨くための 保育園における危険予知トレーニング』日本小児医事出版社，2019 年
③ 掛札逸美『乳幼児の事故予防―保育者のためのリスク・マネジメント』ぎょうせい，2012 年
④ 田中哲郎『保育士による安全保育［第 2 版]』日本小児医事出版社，2019 年
⑤ 日本保育協会監，田中浩二『写真で学ぶ！保育現場のリスクマネジメント』中央法規，2017 年

ま と め

1 子どもが死亡したり大きなけがをするようことのないように，日常の安全管理・安全教育により，事故を未然に防止することが大事である。また万が一事故が発生した場合に被害が大きくならないような安全環境をつくることも重要である。

2 保育施設における重大事故は，近年増加傾向にある。

3 保育施設における死亡事故の約7割を占めるのが睡眠中の事故であり，窒息に加えて乳幼児突然死症候群（SIDS）にも注意が必要である。SIDSはうつぶせ寝のときにリスクが高まる。

4 プールや水遊びでの事故を防ぐために，プール指導をする者と監視をする者を分けて配置することが重要である。水深が浅くても，溺死事故は起こりうることに留意する必要がある。

5 食事中の事故で多いのは窒息に加えて食物アレルギーによるものであり，アナフィラキシーショックを緩和するエピペン®処置は，保育者であれば誰もが使用法を習得しておくべきものである。

6 保育中の事故を防ぐために，職員間の連携・情報共有が重要である。

7 事故を防ぐために，子どもたちへの安全教育が重要であるが，そこには登降園時の安全確保を含めた保護者の協力も不可欠である。

演習問題

[1] 食品表示法では，「特定原材料」として7品目が，「特定原材料に準ずるもの」として21品目が定められている。その意味と，具体的な品目について調べ，整理してみよう。

[2] エピペン®の使用方法は，各製薬会社等がマニュアルとして整理し，インターネット上で公開している。自分なりに調べ，使用方法をまとめてみよう。

[3] 事故を防ぐためには，どのような事故が起こり得るか，先回りして予測し，想定することが重要である。自由遊びの場面を想定し，どのような事故が起きることが考えられるか，5つ挙げてみよう。

第 12 章

保育内容「環境」の計画と指導の実際

　保育の計画は，子どもの今と未来を豊かにするための計画書である。教育基本法第1条，教育の目的にあるように，人格の完成と社会の形成者に必要な資質を身に付けることを目指した，壮大な計画の第1段階である。

　新しく家を建てる場合の設計図にたとえて考えてみよう。家はそこで暮らす人々の実情にあわせて造り，家族の成長に合わせてリフォームし，より暮らしやすく室内外の環境を造りかえたりする。つまり，保育の計画は，保育園（所）・幼稚園・認定こども園（以降，園という）で暮らす子どもの実情に合うものでなければならない。そして，より実情に合うように見直し，手直ししながら，着実な子どもの育ちを見通す計画書をつくっていく必要がある。

1　保育内容「環境」に係る保育の計画の実際

　園外保育にでかけようとするとき，どのようなことが事前に分かっていると良いか，具体的に考えてみよう。

（1）　園近隣の自然体験ができる場所の把握

1）クラスの子どもの実態

子どもの実態

　2歳児クラスと4歳児クラスでは体力も歩く力も異なる。まずは，担当するクラスの子どもの実情を考えたい。また，気持ちの良い五月晴れの5月と梅雨期の6月では，目的も持ち物も異なる。5月に近くの公園に2歳児が歩いて行けたとしても，6月に傘をさしてでかけることは難しい。4〜5歳児であれば，傘をさしてでかけ，梅雨期ならではの動植物にであうことができる。実態や発達により目的も体験する内容も異な

るのである。

　同じところに何度もでかけることも意味がある。**季節の移り変わり**を 季節の移り変わり
体感できたり，子どもの体力の向上を実感できたりするからである。

　9月，台風一過晴天の朝，近くの川に架かる橋まで，5歳児と散歩に
行った。見慣れた川は濁流で，いつも石投げをする河原はなくなってい
る。子どもは自然が見せる変貌した姿に，畏敬の念をもつと同時に，な
ぜ台風だと濁流になるの？と疑問をもった。そのことをきっかけに，
「川をさかのぼればどこに行くのだろう」「川を下ると川はどうなってい
るのだろう」と好奇心が湧いてきた。そこで，遠足の場所を子どもと一
緒に「川探検」と決め計画を立てることにした。9月，台風一過のタイ
ミングを見計らっての散歩は，「川探検」の布石である。保育者が先を
見通しているからこそ，日常生活の中で，タイミングを捉えて**布石**が置 布石
いていけるのである。

　「室内遊びばかりを好むから外に連れ出したい」「野原に吹く気持ちよ
い風を感じさせたい」の保育者の思いからばかりではなく，子ども自ら
の疑問や**知的好奇心を誘発**するような仕掛けのある保育展開をしたいも 知的好奇心を誘発
のである。そのために，保育者は，いつ，どこで，どんな自然に出合う
ことが子どもにとって楽しいことなのかをしっかりと考えることが大切
である。目の前の子どもの実情を把握し，子どもの体力や気象条件を留
意する必要がある。

2）感じ取れる季節感 季節感

　春の空は，霞んでいる。夏の空は入道雲と真っ青な空のコントラスト
が眩しい。秋の空は，どこまでも広く澄み切っている。冬の青空は凛と
して冷たい空である。しっかり空を見ることで，季節を子どもと共に感
じ取ることができる。草花でも同じ事がいえる。木の実や畑の野菜，身
近な虫からでも，風からでも，服装からでも，季節は感じ取れる。大事
なのは，保育者自身が，季節を感じ取る感性をもち，それを子どもと共
有していこうとする行為が大切なのである。

　保育者が季節を感じ取る感性をもっていると，いつ，どこで，何が，
どうなっているかを把握でき，保育の計画に反映させることが可能であ

る。たとえば，園外保育に行く何日も前から，公園のクローバー畑のシロツメグサの見頃を予測し，お天気を見計らい，園庭のクローバーを保育室の机の上に飾り，子どもとさりげなくクローバーの話をして，子どもの「行きたいなー」の気持ち引きだす。そして，いつ園外保育に行くか，子どもと相談して日程を決める。つまり，布石を打ちながら，園外保育の日程を子どもと決めて行けたら，子どもは，自分たちの主体的意図でその園外保育がなされたと感じるのである。

3）「年間園外保育の計画」の作成

　子どもの実態と，季節から感じ取れる価値を保育者が把握すれば，年間園外保育の計画（お散歩リソース）にまとめていく。そのフレームと事例を示す。

　表12-1に示した，子どもが出合える自然（公園，空き地など）は，そ

● 表12-1 ● 3歳児　お散歩リソース（著者作成）

学期		一学期		二学期
期（発達の節目）		Ⅰ期	Ⅱ期	Ⅲ期
月		4　5	6　7　8	9　10　11
期の子どもの姿		園（進級した学級）が分かる時期	安心して過ごす時期	保育者や友だちと関わって遊ぶ時期
育ちの側面	心の育ち	・新しい環境を受け入れる	・保育者や友だちと一緒が楽しい ・手をつないで喜んで歩く	・他者との違いに気付いて，面白がったりすねたりする
	体の育ち	・思いに通りに身体を動かすことができる	・年長児と一緒に10分程度は歩ける ・自分で身支度ができる	・少し重くても必要な荷物を持って歩く
A公園（遊具と季節の花がある）		・タンポポ ・シロツメグサ ・サクラ ・ダンゴムシ	・ネジバナ・クローバ・エノコログサ・オオバコ ・クスノキ（木陰・木登り・根っこ）	・オオオナモミ ・イチョウ　・マテバシイ・コナラ ・バッタ・カマキリ
園前の空き地		・ハルジオン　・ヨモギ　・ギシギシ　・ヘビイチゴ　・エノコログサ ・セイタカアワダチソウ　・イノコヅチ ・水たまり・ぬかるみ		
山田さんの田んぼ		・レンゲ　・泥田　・田植え　・オタマジャクシ　・カエル　・ししおどし　・案山子（かかし）　・稲穂 ・稲刈り　・落ち穂拾い		
B公園（裏山の神社前）		・菜の花畑・ツツジ　・紫陽花　・蓮　・雪ノ下　・彼岸花　・葛・露草　・カラスウリ ・竹林　・タケノコ　・ヤマボウシ・サルスベリ　・萩　・アベマキ　・コナラ ・イロハモミジ		
C公園（夏場は噴水や水が流れる川がある）		・パンジー・タンポポ　・ポピー・マリーゴールド・サルビア　・キバナコスモス・葉ボタン ・シオカラトンボ　・ハグロトンボ　・オニヤンマ・カメムシ ・ため池　・小川　・自然散策の小道（・キョウチクトウ・キンモクセイ・ケヤキ・イチョウ）		

発達の節目

この時期に育つことが期待される，指導する側面

子どもの心と体の育ちの目安

子どもが出合える自然

公園や田畑歩いて10分以内

の園の立地や地域の環境などによって異なる。子どもと散歩に出かける際に，保育者が把握している状況として「お散歩リソース」を作成すると良い。この**リソース**とは，教育資源と考えるとよい。

リソース

（2） 子どもの発見や体験を予測する実地踏査

踏査

　実地踏査とは，園外にでかける前に，実際にその場所に行って確認することである。では，何を確認すると良いか考えよう。

1）リスクとハザード

リスクとハザード

　大切なことは，ハザードはできるだけ排除することである。リスクまで排除すると，子どもの自分で感じたり考えたりする力を育むことができない。3歳児のリスクと5歳児のリスクは当然異なる。それは発達の差（予測する力や周りを把握する力，体力など）と体験の差である。3歳児からよく考えて試すことを許されている子どもは，5歳児になると自分で感じ，考え，判断して，危険を回避する。中川ひろたかの絵本「大きくなるっていうことは」のなかに，「それもそうだけど　とびおりてもだいじょうぶかどうか　かんがえられるってことも　おおきくなるっていうこと」とあるように，子どもをリスクから遠ざけすぎないことも保育者の「考える」ことなのである。

2）体験できる事柄

　園外保育に出かけるとき，保育者は子どもが体験するであろう事を多様な側面から考える。それは，**保育者の願い**であり**保育の意図**である。

保育者の願い
保育の意図

「思いっきり，かけまわって遊んで欲しい」

「草むらに寝っ転がって，草の匂いを感じて欲しい」

「季節の草花に気付いて欲しい」

「摘んだ花，拾った小石を友だちと見せ合い楽しんで欲しい」

「アリやダンゴムシなど小さな生き物に気付いて欲しい」

「太陽の下と木陰の違いに気付いて欲しい」

「木陰の風の爽やかさを感じて欲しい」等など。

　表12-1のA公園に6月に行く計画を立ててみよう。まず体験できる

事柄を考える。学級の子どもの実情を知っていれば，容易に子どもの姿をイメージすることができる。しかし，イメージしたとおりには子どもは活動してくれない。子どもの数だけ，体験は異なる。同じ体験でも味わっている心情は異なっていることも多い。保育者のイメージ力が豊かであればあるほど，子どもの遊びへの援助が豊かになるのである。大切なことは，保育者自身も子どもと一緒に自然の中でさまざまな体験を積み，その体験を次に活かすことができるようになりたいものである。

3）準　備　物

　まず一番に，救急道具を準備する。怪我をしたとき，流水で汚れを落とせる水道が近くにあるか否かで準備する救急道具の中身が異なる。救急道具の中に虫除けスプレーを入れるか否かも考えよう。虫除けスプレーの使用をする場合は，保護者の同意を取っておく必要がある。さらに薬使用は，保管状況や保存容器の温度など細心の注意を払う必要がある。園外に出かける子どもの実情に合わせ，一緒に出かける保育者と何をどれだけ誰がもっていくのかも打ち合わせしておくことが必要である。

　ナイロン袋も準備しよう。見つけた虫や花，木の実を入れる小さなナイロン袋などを準備しておくと良い。もちろん，4～5歳児であれば子ども自身の必要感で準備できるように，前日に話し合いをしておくことが大切である。ゴミが出た場合に入れる大きなゴミ袋も複数枚準備しておくと良い。草原などでは，そのゴミ袋に風を入れて遊ぶこともできる。

　他には，ポリエチレンテープやハサミ，縄跳びや虫眼鏡など，クラスの子どもの姿をイメージして，遊びに使えそうな7つ道具を見繕い，保育者のリュックの中に入れておこう。そのように準備することで，いつもの園外保育が，新しい発見や，思わぬ出合いに遭遇できる場所となり得る。

4）リソースマップ

　リソースマップは，いつ・どこで・誰と・何に出合えるかを可視化した**保育の種**と考えよう。保育の種なので，関わることにより大きな成果になる可能性もあるが，保育者の見通しが甘いと期待する成果は得られ

リソースマップ

保育の種

ない。そこにある単なる地域環境を**保育環境**（保育教材）として位置づ　保育環境（保育教材）
けていく意識をもって作成してみよう。

　園外保育での体験が好奇心をかき立て，**探究心**を刺激し，以降の生活　探究心
に繋がっていくことを園外保育の成果と考えよう。

　園の近くの，出合える自然や出来事，文化や伝統などを織り込んでリ
ソースマップを作成することが大切である。

（3）　園内環境を見直す園内マップ

　園内マップは，リソースマップと趣を異にする。もちろん，いつ・ど
こで・何に出合えるかを可視化することを含んではいる。しかしそれだ
けにとどまらない。**園内マップ**は，保育の計画案であり保育の記録であ　園内マップ
り，保育の参考資料と考えよう。

　日本には季節がある。先に述べたように，子どもを取り巻く自然環境
は風・水・気温・日照だけから考えても，遊びの様子の変化は予想でき
る。園庭に咲く草花は四季折々であるし，それらに関わって展開される
子どもの遊びが季節により変化することはいうまでもない。

　園内の建物と固定遊具，花壇や樹木を書き込んだ白地図をつくってお
けば，今日の子どもの活動を書き込んでいくことができる。それは，子
ども1人ひとりが誰と何をしているかを把握する資料にもなるし，個々
の子どもの遊びが把握できる資料となる。

　園内マップに，子どもの遊びを毎日同じ時間帯に書き込んでいくと，
子どもの遊びを把握する縦断的記録となる。さらにその場で起きた情況
を書き込んでいくと友だち関係の広がりや深まりまで把握でき，遊びに
必要な保育者の援助が見えてくる。

　さらに何枚か溜まれば，季節の遊びマップにまとめることができるし，
環境の再構成に必要な情報を検討する資料にもなり得る。

　最近では，この**遊びマップ**を指導案にして子どもの遊びを創り出して　遊びマップ
いる園もある。

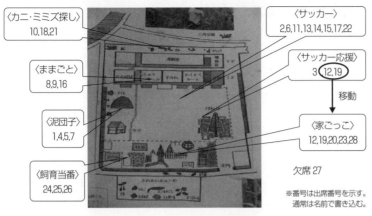

<カニ・ミミズ探し>
10,18,21

<ままごと>
8,9,16

<泥団子>
1,4,5,7

<飼育当番>
24,25,26

<サッカー>
2,6,11,13,14,15,17,22

<サッカー応援>
3,12,19

移動

<家ごっこ>
12,19,20,23,28

欠席 27

※番号は出席番号を示す。
通常は名前で書き込む。

● 図12-1 ● H市立A幼稚園園内マップ

園内マップ作成にあたって留意したい点は次の３点である。

1）子どもの発達に合わせた環境

子どもの発達

学年の年齢や個々の子どもの心身の発達を見極め，育とうとしている側面を刺激するような環境構成にしたい。つまり，保育の対象となる子どもにとって「ふさわしい生活」が展開できる環境構成をすることが大切である。

2）子どもの特性に合わせた環境

子どもの特性

外遊びを好む子どもや室内遊びを好む子どもがいる。１人ひとりが没頭して満足して遊び込める環境を構成したいものである。さらに，そこで友だちとの関係をつくりだし，「友だちと遊ぶって１人よりもっとダイナミックに，もっといいアイデアで遊べる」と子どもが思える環境となるように，**個と集団が育つ環境**をつくりたいものである。

個と集団が育つ環境

3）保育者の願いを込めた環境

学級の子どもの嗜好性を考慮し，育とうとしている側面への刺激と共に，育てたい，**育って欲しい側面を刺激**するような環境を計画したい。

育って欲しい側面を刺激

たとえば，図12-1の園内マップ左隅に土山がある。４月中旬に４トントラック一杯の真砂土を入れて環境構成した山である。この山には保育者の願いや予測，意図が詰まっている。子どもは，まず見て驚くだろう。その山に登りたいと好奇心をかき立てるだろう。登りはじめると，

足がふかふかの土に取られて，登りにくいと体感し，思わず裸足になり，気持ち良さを感じるだろう。つまり，この土山を環境として置くことで，子どもの好奇心を刺激し，子ども自身の「**感じる体**」「**考える体**」をつくっていくであろうと，保育者の願いや予測をもとに環境構成し園内マップを作成していることが分かる。

感じる体
考える体

◆2 短期指導案の作成

　短期的な保育の計画は週案・日案・部分案である。部分案の中にも，設定保育指導案のように1時間前後時間をかけて行うものと，絵本や手遊びなど10分以内の保育指導案がある。実習の際の研究保育などは，この設定保育にあたる。子どもを集め，今日の活動に誘いかけていく**導入**があり，子どもの**活動**があり，最後に子どもと共に，分かったことと分からなかったこと，課題などを明確にする，**振り返り**を行う。今日の主な活動となるものである。

導入

活動

振り返り

　ここで押さえておきたいことは，子どもの主体的な遊び（毎日行っている好きな遊び）は，その活動が始まって終わるまでの期間を，日案・週案に収めることは難しいということである。たとえば3歳児のままごと遊びは，1年を通して展開される遊びであるし，4歳児のヒーローごっこも，5歳児のサッカー遊びも1年を通して継続的に行われることが多い。これらの遊びは，もちろん保育者の絶え間ない環境構成と関わりがあってこそ続くのであるが，活動が立ち消えたと思うと，またバージョンアップして取り組み始めるように，単発のように見えてつながっているのである。それらの遊びを，子どもの**主体的な遊び**という。また，好きな遊びとか自由な遊び，自由保育という場合もある。これらの遊びは，遊び自体が子どもを引きつけてやまない力を内包しているといえる。

主体的な遊び

　子どもの自発的活動から始まる自主的で主体的な遊びの他に，学級の友だちと一緒にする遊び（**設定保育**，**一斉保育**）や園全体で行動する集会活動がある。集会活動にも保育指導案を立てることはあるが，園全体で行う場合や学年活動などは，**意図と手順**で進める事が多い。

設定保育
一斉保育

意図と手順

（1） 子どもの顔が見える

　一般的には，子どもの主体的な遊びと設定保育を融合させた形態で保育を進めている園が多い。しかし，幼稚園教育要領，保育所保育指針，幼保連携型認定こども園教育・保育要領改定を受けて，子どもの主体的な活動を主にした保育を進めている園も，多く見られるようになってきている。

　下記に，一般的な保育形態から，できるだけ保育内容「環境」の視点を踏まえた週日案・日案を紹介する。

1）週　日　案

　週日案とは，週案と日案，日々の記録を1枚にまとめたものを指す。フレームは各園で工夫し，子どもの実情が見えるように，常に微調整を繰り返しながらつくるものと考えよう。

　次に，フレーム例を紹介する。

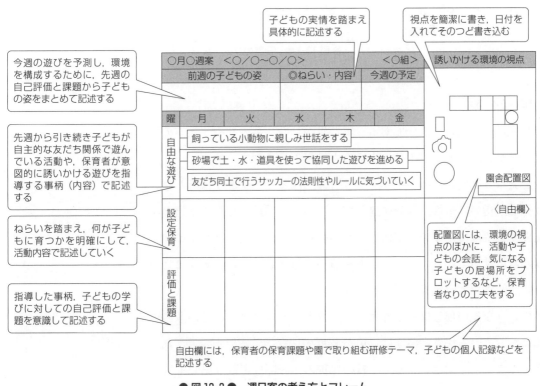

● 図12-2 ● 　週日案の考え方とフレーム

２）日　　案

　日案は，週日案よりもっと細かい保育指導案である。新任保育者は日案とさらに細案をたてることを勧める。方向性としてのねらいを見据えて，指導する事柄（子どもが身につける事柄）としての内容をしっかりと明確にして今日の活動を展開することを保育者は自覚する必要がある。内容が活動になっていると，子どもが身に付ける事柄，経験する事柄がぼやけたものになる。

〇月〇日案	〈△歳児△組〉
連続する子どもの姿	◎ねらい・内容
・一昨日来の雨で園庭に水たまりができ，数人の子どもが自分の足跡をつけて遊んでいた。 ・土がジュルジュルになる感触を十分味わった後，木ぎれで線を描いて遊ぶ姿があった。 ・保育室のままごとコーナーでの遊びを続けている女児数人は，心地よい友だち関係をもっているが，固定化しつつある。友だち関係の広がりは遊びに刺激と変化をもたらすであろうから，折を見て戸外遊びに誘い出したい。	◎土や水の感触を味わいながら，全身を使って運動場にダイナミックな線や形を描くおもしろさを味わう。 ・自分で描く道具になるものを園内から探し出す。 ・工夫したり試したりして遊ぶ。 ・友だちと情報交換しながら土の感触を確かめる。 ・友だちとの関わりから道具交換の必要性や土のかたさなどに気づく。
環境構成	予想される子どもの活動	保護者の援助

● 図 12-3 ●　　日案のフレーム

３）部　分　案

　部分案は，日案の一部分である。実習生が行う，手遊びや，絵本の読み聞かせなど，子どもの１日の生活の中に組み込まれている。

　たとえば５歳児担任のベテラン保育者は，ほとんど手遊びは行わない。５歳児は手指の巧緻性が随分発達しているので，手遊びをして手指の発達を促す必要はほぼない。担任が話し始めると子どもたちは静かに聞く態度が身に付いているので，子どもを静かにさせるための手遊びは必要がない。絵本や歌唱指導に必要な時間は，長くて５分ほどであろう。

　そのような短い部分保育指導案は，実習生のときに書くことが多い。下記に示している保育指導案は，40分程度の保育指導案である。これも日案ではなく部分案といえる。１日の保育の，一部分を取り出して書くものを部分案とするならば，実習生の研究保育の際の保育指導案も部分

案といえる。

○○組（4歳児）指導案　　　保育者：○○○○

活動	自然観察隊になって自然の不思議を発見しよう			
月日	2018年　6　月　13　日（水）		4歳	男児12名・女児15名・計27名
ねらい	・身近な自然に① 好奇心を持って観察し，② 発見した不思議を友だちや保育者と共有して楽しむ。		内容	・生き物の動きや形，植物の色・形・はえているところなど，ア）注意してじっくりと観察する。 ・友だちや保育者とイ）発見したことや不思議に思ったことを話したり聞いたりする。

時間	環境構成・準備物	予想される子どもの活動	○保育者の援助　＊手順
10:00	・子ども各自に見つけた物を入れるスケルトンバッグを準備する。 ・事前に活動範囲を踏査し，子どもが発見するであろう不思議を予測しておく。 ・子どもが園外である程度自由に探索行動が取れるように，安全の補助と子どもの発見に共感する大人を数人依頼する。 ・帰園した際に使用する子どもの手拭きを手洗い場の近くに置いておく。	・排泄を済ませ，帽子を被り，靴を履いてテラスに座る。 ・スケルトンバッグを持ち，帽子を被って自然観察隊になる。 ・園外に出かけるときの約束を確認する。	＊園外に出かける準備が着実にできているか見守りながら，遅れがちな子どもを手伝う。 ○子どもが観察隊の気分になりきり，じっくり観察しようと思えるように，保育者も観察隊の格好（7つ道具の入ったバッグ持参）をする。 ○観察隊員としての心得（安全への配慮を含む）を4歳児に解り易く具体的に話す。 〈心得〉 　a　じっくりと見ること。 　b　観察隊員は，友だちや保育者の発見が共有できる範囲で行動すること。つまり，1人行動をしないこと。 　c　不思議に思ったことは，近くの友だちや保育者に話すこと。 　d　「なんだろな？」って思った物は，安全を確認してから触ること。
10:05		・観察隊になって園外に出発する。	○子どもがそれぞれのペースで注意してじっくりと身近な生き物が観察できるように歩く。 ○生き物の動きや形，植物の色・形・生えているところなど，子どもの目の高さに合わせて保育者も注意して観察する。 ○子どもの発見や不思議に思ったことに，その場で応答しながら，まわりの子どもに発見や不思議を伝える。 ○じっくりカタツムリやアリの移動を見たい子どもにも付き合い，他の子どもも誘いかけて，クラスみんなで行動する時間が取れるようにする。その際，子どもの気付きを友だちに発表出来る時間をとる。 ○自分の気付きや友だちの発見が共有できるように，子どもを地面が乾いている場所に集めて，発見した物を見せ合う時間を取る。
10:30		・観察隊になって発見したものを見せ合う。	○観察隊として共有感が持てるように，同じものを発見した子どもにも発言を促し，保育者も一緒に共有を楽しむ。 ○生き物の命のサイクルや生き物の不思議を保育者も共に感じつつ，9月に観察隊として一緒に出かけようと誘いかける。
10:40	・スケルトンバッグの置き場所は担任の保育者の指示を仰ぐ。	・園に戻り，手洗いうがいをする。	＊子どもの手洗いを確認しながら，スケルトンバッグの置き場所を伝えながら，保管の仕方を伝える。

● 図12-4 ●　　○○組（4歳児）部分保育指導案（著者作成）

図 12-4 を解説しよう。

内容の下線ア）を指導することによって，ねらいの下線①が達成される。内容下線イ）を指導することで，ねらいの下線②が達成される。この様にねらいと内容のつながりを確認することで，具体的な活動の中身である経験する事柄を整理して記述できる。

指導することは，内容のア）とイ）である。

保育者の援助（指導）は，このア）とイ）を意識して記述する。○はア）とイ）に係っている。＊はその手順である。

保育者の援助の１つ目の○はア）に係っている。

２つ目の○の心得a「じっくり見ること」は，内容のア）「注意してじっくりと観察する」に係っている。心得bcはイ）に係っている。しかも，bは「１人行動をしない」という安全の配慮をも含んでいる。dは，安全の確認で，内容に直接係っていないが，観察隊員になりきることができる４歳児の発達を踏まえた，保育者の配慮事項である。

３つ目の○は，ア）「注意してじっくりと観察する」に係っており，ア）を子どもが身に付けることができるように，保育者の具体的援助行為「子どもの発見に共感しながら歩く」を記述している。

この様に，「子どもがそれぞれのペースで注意してじっくりと身近な生き物が観察できるように」と子どもが経験することを先に明記し，その後に，「子どもの発見に共感しながら歩く」と保育者の具体的援助行為を記述すると，ピントがあった保育指導案になる。

４つ目の○以降の援助が，内容のア）イ）にどのように係わっているか確認しておこう。

出かけた場所は，大学内で園門から３分ほどの場所であり，通園で毎日歩いている場所である。６月13日と９月にも同じ場所に同じ子どもたちと出かける計画を立てていた。そこで，援助の最後に「生き物の命のサイクルや生き物の不思議を保育者も共に感じつつ，９月に観察隊として一緒に出かけようと誘いかける」と布石を打ち，通園途中に身近な自然をじっくりと見ようとする子ども自身の自発性の発揮を期待している。

また，この保育指導案は，今回示された幼児期の終わりまでに育って

欲しい姿にも係っている。どの姿に係っているのかを考えてみよう。

この様に部分案であっても，次に繋がる見通しをもつことが大切である。それは，絵本の読み聞かせでも，歌唱でも同じである。

（2）　保育者の願い

日案のフレーム（図12-3）に示した連続する「子どもの姿」と「ねらい」「内容」には，保育者の願いが読み取れる。また，子どもの遊び・自己表現についての保育観が読み取れる。

1）読み取れる保育観

① 子ども観

子どもの昨日までの遊びの実情を環境（一昨日来の雨による園庭の状態）に関わる姿として把握している。保育室でままごとをしている女児数人の関係性を把握し，何がこれからの子どもに必要な体験かを考えようとする観点をもって見守っている。

② 教材観

土に関わって体験する，更なる体験の**内発的動機**をジュルジュルの土に見い出している。子ども自身の動きに応答する土の軌跡は，できた・できない，上手・下手の価値では評価されない活動への能動性を育む。身体で体感する学びは，幼児期の学びにふさわしく，友だちや保育者と共有されることによって，**学びの経験化**（問題解決能力）が促され，他者に伝達していくことができるのである。

③ 指導観

土や水，道具との関わりを通し，感じたり考えたり試したりすることにより，事物の特性や物事の法則性にふれたり気付いたりすることができる。友だちや保育者に誘われて，他者の遊びを体験することが，仲間同士の遊びの広がりや深まりにつながる。

2）子どもの連続する姿とねらい・内容・保育者の援助

子どもの連続する姿と「ねらい」「内容」「保育者の援助」の関係は，トライアングル（三角関係）である。「内容」は，子どもが体験により身

子ども観

内発的動機

学びの経験化

指導観

につけること，つまり保育者の指導する事柄であり，「ねらい」を目的にしている。連続する子どもの姿を保育者が把握しておかないと，「ねらい」「内容」を設定できるはずがない。保育者の援助は，指導する事柄（内容）にすべて係ることを理解することが大切である。

　保育案を作成したときは，保育者の援助が内容（指導する事柄）につながっているか点検する必要がある。そうすることで，保育が子どもの育ちにつながっていることを実感として理解できる。

3）援助と手順

　保育指導案をたて，トライアングルを点検し，子どもの育ちにつながらない項目は，保育指導案に書く必要があるのだろうか。たとえば，自由な遊びの後，片付けをして保育室に入ってきた子どもに，保育者はトイレに行くことや手を洗うことを促す。保育者の毎日行っている言葉掛けである。この言葉掛けは保育指導案にどのように書けばよいのであろうか。

　何よりしっかりと手順として書いておくことが必要である。直接「ねらい」や「内容」に挙げていないことでも，子どもの育ちに関わる日々大切にしたい事柄はたくさんある。道徳的なことや相手の気持ちに添って話したり聞いたりする意識などは，常に子どもの暮らしの中では重要なことで，保育者は折に触れ語っている。手順として「話している友だちや保育者の方に，身体を向けるよう声を掛ける」などと書いておくことで，保育者としての自分の保育観を意識することに繋がる。この手順を丁寧にすることで，学級の雰囲気や友だち同士の関係づくりに影響を与える**潜在カリキュラム**をも大切にしている保育指導案になる。

潜在カリキュラム

3 PDCA サイクル

　保育指導案はそのまま評価表であり，自己点検表になり得る。保育者は，日々保育を振り返っている。子どもの降園後，保育室を掃除しながら，子どもの道具棚を整理しながら，1人ひとりの子どもの様子を思い

出し，自分の関わりを思い浮かべる。津守（1926〜2018）のいう**省察**と　　省察
はいかないまでも，保育者として毎日行っている行為である。その省察
を，明日の保育に具体的につなげていくには，保育指導案から振り返る
ことを勧める。そして，明日の課題を見いだすことが **PDCA** サイクル　　PDCA
を機能させる近道なのである。

（1）　保育の計画を評価表にする

　保育の計画は，実践後見直すことが求められる。見直しとは評価をす
ることである。子どもの実状把握を年度末に行い，計画とのずれをチェ
ックして長期保育の計画を見直す。短期の保育の計画においても，内容
に示したことを子どもの活動に照らし合わせて，身に付けたかどうかを
点検する。たとえば，内容と援助がつながり，子どもが何を身に付けた
かを振り返りながら，援助欄の記述にチェックをつけていくと，自ずと
課題が浮き彫りなるはずである。PDCA サイクルを意識して振り返り，
保育評価を行うことが大切である。このように保育評価には段階がある。

1）計画した活動を実行したか否か

　計画した活動を実行できたか，できなかったかの振り返りを行う。
　計画通りに実行できたのは何故かを考える。保育者の子ども理解が十
分できていた場合は，ほぼ計画通りに活動を実行できる。しかし，保育
者の子ども理解が不十分であっても，計画通り活動を実行できる場合が
ある。子どもが保育者の意向を汲んで活動を実行した場合である。また，
保育者が無理矢理活動させた場合である。
　活動を実行できたか，否か，が子どもにとって問題ではない。どのよ
うに活動に取り組んだか，どのような体験をし，どのような感情を味わ
い，何を感じ考え，どのように友だちと協同したか，そのプロセスの中
に幼児期の学びがあることを保育者は理解しておきたいものである。

2）活動の質と種類の点検

　活動の質とは何であろうか。新任の保育者とキャリアを積んだ保育者　　活動の質
の違いはどこか，双方が話し合うことで価値の違いや質の違いに気付く

ことができる。活動の質は**関わりの質**である。保育者の念頭にない価値
は，子どもに育めるはずがない。活動の質，関わりの質の向上を求め続
ける保育者になりたいものである。

　活動を振り返ると，設定した保育活動のレパートリーを把握する事が
できる。表現の得意な保育者が表現活動を多く設定していることは当然
あり得る。運動の得意な保育者が外遊びや運動遊びを多く設定保育に取
り入れていることも当然であろう。保育者の得意なことを生かす保育を
展開することは当然なことであろう。しかし，保育所保育指針には「子
ども自らが環境に関わり，自発的に活動し，様々な経験を積んでいくこ
とができるよう配慮する」とある。また，幼稚園教育要領には「ねらい
は，幼稚園における生活の全体を通じ，幼児が様々な体験を積み重ねる
中で相互に関連をもちながら次第に達成に向かうものである」の文言に
あるように，活動の質と共に種類についても保育者は意識することが必
要であろう。

（2）　振り返りからみるもの

　保育指導案を振り返り可視化したものを，保育者の保育の質と捉える。
　週日案に書き込んだ反省が保育者としての自分のすべてである。では，
何を書けばよいのであろうか。

1）保育者としての私のタイプ

　保育者が自身の週日案の自由記述に書いた事項を分析する。気になる
子どもに着目して記述したとするならば，私という保育者は，子どもの
何を気にしているのかが読み取れる。子どもと自然とのつながりの姿を
記述したならば，保育者の自然のとらえ方や教材観が浮き彫りになる。
子ども同士の関わりの姿を，子ども同士の関係においてのみ記述してい
たならば，環境としての保育者の重要性を欠落していることに気がつく
であろう。これら保育者としての私を知ることが，子どもの暮らし環境
をつくり出しているキーパーソンである保育者としての私のタイプを高
次レベルにしていくことにつながり，強いては子どもに必要なふさわし
い暮らしをつくることになるのである。

2）主観と客観

　ベテランの保育者の主観は客観であるともいえるが，保育者の経験の知が全て客観的価値に位置づいているとはいえない。主観を磨くためにも，保育を開示し，他者の主観を取り入れる必要がある。

　保育者が他者の主観を取り入れ多様な価値に気付くと，「～せねばならない」の頑固な価値観から，子どものどのような活動・行為・意識も柔らかく受け入れ，その子にふさわしい暮らしにつなぐことができる。「良い悪い・正しい正しくない」の価値観は保育者の立場から子どもを評価していることである。可か不可で子どもの活動を観るのではなく，育ちの過程としての活動と捉える事が大切である。保育者の多様な価値観で保育を振り返り，保育者としての自己評価をすることが，明日の保育を創り出すことなのである。

　保育者の**評価改善**は，**ミクロとマクロ**の視点をもつ必要がある。保育者の自己評価においては，各保育者の自己評価に基づいて施設内で自己開示・自己評価しあう職員組織をつくることも，**主観的評価**による保育から**客観的評価**による保育に変革する方法である。

評価改善
ミクロとマクロ

主観的評価

客観的評価

【参考文献】
1）多田琴子「第11章 保育計画と指導」，矢野 正・小川圭子編著『保育と環境［改訂版］』嵯峨野書院，2014年，p.87
2）文部科学省『幼稚園教育要領解説〈平成30年3月〉』フレーベル館，2018年，pp.64-67
3）前掲書2），p.193
4）中川ひろたか・村上康成『おおきくなるっていうことは』童心社，1999年
5）厚生労働省編『保育所保育指針解説〈平成30年3月〉』フレーベル館，2018年，p.25
6）前掲書2），p.142
7）姫路市立網干幼稚園「友だちと遊びをつくり出し自信を持って生活する幼児の育成―幼稚園・家庭・地域との連続的な生活を通して」平成8年度姫路市立幼稚園教育自主研究会，1996年，p.34
8）ジョン・デューイ『学校と社会・子どもとカリキュラム』市村尚久訳，講談社，1998年
9）多田琴子・田中亨胤「第3章 幼児期にふさわしい生活のカリキュラム」，田中亨胤・中島紀子編著『幼児期の尊さと教育』ミネルヴァ書房，2001年
10）津守 真『保育者の地平』ミネルヴァ書房，1997年
11）汐見稔幸『学力を伸ばす家庭のルール』小学館，2006年

お薦めの参考図書

① 秋田喜代美『保育のおもむき』ひかりのくに，2010年
② 田中亨胤『知っているようで知らない…?!保育の基本・用語集』ひかりのくに，2013年
③ 大橋喜美子『0・1・2歳児の保育の中にみる教育―子どもの感性と意欲を育てる環境づくり』北大路書房，2017年

④　中坪史典編著『テーマでみる　保育実践の中にある保育者の専門性へのアプローチ』ミネルヴァ書房，2018年

⑤　櫻井慶一監，森のムッレ協会新潟編『身近な自然と遊んで育つ保育実践―スウェーデンの自然環境教育から』わかば社，2018年

まとめ

1 保育の計画は，園で暮らす子どもの実情に合うものであり，より実情にあうように見直し，手直ししながら，着実な子どもの育ちを見通す計画書をつくっていく。

2 教育課程，全体的な計画は，園に関わるすべての人と物と状況の環境を保育環境として整え，暮らしの筋道を示した羅針盤である。

3 平成30(2018)年から施行の3法令に示された領域「環境」に係る姿として，思考力の芽生え・自然との関わり・生命尊重・数量や図形，標識や文字などへの関心・感覚の3点が挙げられているが，子どもの育ちの姿は総合的に捉えていく必要がある。

4 園外保育に出かけるとき，保育者は子どもが体験するであろう事を多様な側面から考える。それは，保育者の願いであり保育の意図である。

5 リソースマップは，いつ・どこで・誰と・何に出会えるかを可視化した保育の種と考える。地域環境を保育環境（保育教材）として位置づけていく意識をもって作成する。

6 短期指導計画の週案日案は，子どもの連続する姿と「ねらい」「内容」「保育者の援助」のトライアングルで作成し見直す。また，保育者の援助と手順の違いを理解することが指導計画作成には大切である。

7 指導計画は，評価表として活用する。子どもの姿を「良い悪い・正しい正しくない」の価値観から評価するのではなく，育ちの過程として捉える。

演習問題

1 園外保育にでかけようとするとき，どのようなことが事前に分かっていると良いか，具体的に考えよう。また，実地踏査とは，園外にでかける前に，実際にその場所に行って確認することであるが，具体的に，何を確認すると良いか考えよう。

2 実習園や附属園の園内マップやお散歩リソースを作成してみよう。

3 各自作成した指導案を用いて，今回示された幼児期の終わりまでに育って欲しい姿に係る箇所を洗い出し，「ねらい」「内容」と「保育者の援助」がつながっているか，矢印を引いてみよう。

第13章

小学校との連携・接続

幼児期の教育は生涯にわたる人格形成の基礎を培う大切な教育である。そして幼児期の教育を起点に，その後の小学校教育へと教育は引き継がれていくことになる。そこで，幼児期の遊びを通した学びを，その後の学習スタイルへとスムーズに移行していくことが大切になる。では，そのためにはどのような配慮が必要になるだろうか。

本章では，**幼児期の教育・保育**がその後の**小学校以降の学習**につながっていることを自覚し，幼児期の学びを小学校につなげる保育の実践について，領域「環境」の観点でとらえていくこととする。

幼児期の教育・保育
小学校以降の学習

1 小学校との連携・接続の必要性

（1） 幼稚園教育要領・保育所保育指針と小学校学習指導要領にみる接続

幼稚園教育要領および保育所保育指針が見直され，平成30（2018）年4月から新たに施行された。大きな改訂のポイントとして，幼児期の教育と**小学校教育との円滑な接続**についてより詳しく明記されたことがあげられる。幼稚園教育要領においては次の通りである。

小学校教育との円滑な接続

『幼稚園教育要領[1)]』第1章 第3-5
【小学校教育との接続に当たっての留意事項】
(1) 幼稚園においては，幼稚園教育が，小学校以降の生活や学習の基盤の育成につながることを配慮し，幼児期にふさわしい生活を通して，創造的な思考や主体的な生活態度などの基礎を培うようにするものとする。
(2) 幼稚園教育において育まれた資質・能力を踏まえ，小学校教育が円滑に行われるよう，小学校の教師との意見交換や合同の研究の機会を設け，「幼児期の終わりまでに育ってほしい姿」を共有するなど連携を図り，幼稚園教育と小学校教育との円滑な接続を図るよう努めるものとする。

同様に，保育所保育指針においても次のように示された。

『保育所保育指針[2]』第2章 4-(2)
【小学校との連携】
ア　保育所においては，保育所保育が，小学校以降の生活や学習の基盤の育成
　　につながることに配慮し，幼児期にふさわしい生活を通じて，創造的な思考
　　や主体的な生活態度などの基礎を培うようにすること。
イ　保育所保育において育まれた資質・能力を踏まえ，小学校教育が円滑に行
　　われるよう，小学校教師との意見交換や合同の研究の機会などを設け，「幼児
　　期の終わりまでに育って欲しい姿」を共有するなど連携を図り，保育所保育
　　と小学校教育との円滑な接続を図るよう努めること。

それでは，同時期に改訂された小学校学習指導要領を見てみよう。

『小学校学習指導要領[3]』第1章 第2-4
【学校段階等間の接続】
(1) 幼児期の終わりまでに育ってほしい姿を踏まえた指導を工夫することにより，
　　幼稚園教育要領等に基づく幼児期の教育を通して育まれた資質・能力を踏ま
　　えて教育活動を実施し，児童が主体的に自己を発揮しながら学びに向かうこ
　　とが可能となるようにすること。
　　　また，低学年における教育全体において，例えば**生活科**において育成する
　　自立し生活を豊かにしていくための資質・能力が，他教科等の学習において
　　も生かされるようにするなど，教科等間の関連を積極的に図り，幼児期の教
　　育及び中学年以降の教育との円滑な接続が図られるよう工夫すること。特に，
　　小学校入学当初においては，幼児期において自発的な活動としての遊びを通
　　して育まれてきたことが，各教科等における学習に円滑に接続されるよう，
　　生活科を中心に，合科的・関連的な指導や弾力的な時間割の設定など，指導
　　の工夫や指導計画の作成を行うこと。

生活科

　上記を読めば，とくに**小学校低学年での教育**について，幼児期の教育
をふまえて学校教育を行うことを重視するように明記されたのが分かる。
そして，これはその後の中学年以降の学習にも生かされていくようにと
示されている。これこそが，後で述べる**育ちの連続性**につながる部分で
ある。

小学校低学年での教育

育ちの連続性

（2）　連携が求められる背景

改正にともない，「**育みたい資質・能力**」（3つの柱）および，「**幼児期**

育みたい資質・能力
幼児期の終わりまでに育
ってほしい姿

● 写真 13-1 ●　のびのびと自然と遊ぶ
　　　　　　　　（豊かな感性）

● 写真 13-2 ●　当番を決めて，みんなで掃除
　　　　　　　　（道徳性）

の終わりまでに育ってほしい姿」（10 の姿）が示されたことが挙げられた。
この「育みたい資質・能力」は，幼児期から高等学校まで教育全体で一
貫して育むものであり，その出発点である基礎の部分を幼児期の教育が
担う。そして 10 の姿には，資質・能力が育まれるための，幼児期にふ
さわしい遊びや生活の姿が具体に書かれている。その内容を読むと，新
しい取り組みが書かれているのではなく，これまで幼児教育で大切に行
われてきた内容であることに気付く。ではなぜ，あらためて明記したの
か，ここがポイントである。

　みなさんは，「小 1 プロブレム」という言葉を聞いたことがあるだろ 小 1 プロブレム
うか。小学校に入学した子どもが，教師の話が聞けなかったり，授業中
歩き回ったりと，集団行動がとれない問題のことである。そしてこの原
因の 1 つは，幼児期の教育と小学校教育の段差にあるのではないかと考
えられた。つまり，小学校に入学したものの，その教育スタイルや環境
の違いに子どもたちが戸惑い，その結果，精神的に不安定な状態に陥っ
ていることが原因の 1 つと考えられたのだ。そのため，幼児教育から小
学校教育へ滑らかに移行する際の滑らかな接続に着目し，その生活の在
り方や教育内容についてあらためて考える必要が生じたのである。

　また，実際に接続を担う幼，保，こ，小の教育者が，幼児期の教育と
はどのようなもので，何を大切にしているかについてより理解し合うた
め，具体で分かりやすい，この 10 の姿が明記された側面もあるといえ
よう。

（3）　育ちの連続性

　小学校との接続の意義は，なにも小１プロブレムの解消だけではない。人は生まれてからさまざまな経験を重ね，気づき，学習し，日々成長を続けていくものである。そうした流れを意識し，１人ひとりの幼児期の育ちを小学校に引き継いでいくことは，その子どもを理解して育てていくうえで，そもそも重要なことである。幼児期にどのような経験をしてきたのか，心と体がどのように育ったのか，友だち関係はどうだったか，この子の輝くよさは何か，また今抱えている課題は何なのか，園生活でのありのままの育ちを小学校に引き継いでいくことは，１人ひとりの育ちに連続性を持たせることにつながる。それこそが**一貫性**である。

　そして子ども１人ひとりの細やかな理解は，子どもやその保護者の安心感や，保育者への信頼にもつながることだろう。そうしたことからも，子どもの育ちを共有し，分かりあうことは，学ぶ子どもにとっても，指導する保育者にとっても，どちらにも大きな意義があるといえる。

（4）　アクティブラーニング

　平成30（2018）年の改定を機に，**アクティブラーニング**を，幼児期の教育でも小学校以降の学習でも大切にするようにと示されている。アクティブラーニングとは，「**主体的，対話的で深い学び**」を意味する。知識や技術の習得に向けた一方通行の教育ではなく，子どもの主体性を大切にして，周りの環境とのかかわりを通じて，気づきや学びを得ることを大切にする教育である。

　しかし，そもそも幼児期の教育では，幼児が主体的に物や人といった周りの環境にかかわり，そこで得られる気づきや学びを大切にすることに取り組んできた。つまり，アクティブラーニングとは，これまで幼児期の教育で大切に取り組んできたことそのものである。したがって，小学校の学習に向けて，幼児教育のあり方を大きく変更したり，小学校の準備教育に向けて大きくかじを切ったりする必要はないはずである。今，目の前で行われている保育において，遊びを通じて幼児が得た気づきや学びが，小学校以降のどのような学習につながっているのかを考え，理

一貫性

アクティブラーニング

主体的，対話的で深い学び

解することが大切なのである。

2 小学校教育を見据えた保育とその環境

先に述べたように，滑らかな接続に向けては，小学校での生活や学習を見据えて保育を行うことが求められる。だからと言って，幼稚園や保育所，認定こども園は小学校入学前に，算数や国語などを教える準備教育の場ではない。大切なことは，幼児期に必要な経験が，小学校以降の学習にどのようにつながっているのか**小学校と理解し合い，分かり合う**ことである。

小学校と理解し合い，分かり合う

（1） 日々の保育の中で

ここで，サツマイモの栽培事例を基に考えていこう。

🌱 事例① 🌱

　幼児は畑の土づくりから行い，イモのツルを植えた。初めて体験するサツマイモの栽培に，幼児は目を輝かせ，手を真っ黒にしながら取り組んだ。そして収穫の日を楽しみに，当番を決めて水やりや草抜きの世話をした。秋になり，いよいよイモ掘りの日。なかなか掘り出せない大きなイモに悪戦苦闘しながら，次々とイモを掘ってはそのつど「やったー見て！」「大きいね！」と歓声をあげて喜び合う子どもたち。掘ったイモは大きさごとに分け，みんなで並べて数える姿も見られた。

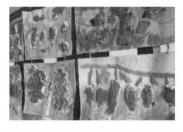

　さて，この経験が小学校のどのような教科につながっていくのか考えてみよう。植物に触れてその生長や変化に気付く経験は「理科」につながるだろう。また，友だちと言葉を交わして気持ちを伝えるのは「国語」，大きさや数える経験は「算数」。この後，保育室からは，イモ掘りの歌が

聞こえてきた。また，画用紙いっぱいにイモの絵を描く学級もあった。これらは表現の分野である「音楽」「図工」に通じているだろう。

このように，サツマイモ1つとっても，保育がさまざまな小学校の学習につながっていくことが分かる。そのことを保育者自身が理解し，**小学校の学習を見通した保育**を実践することが大切である。

小学校の学習を見通した保育

（2）　幼児と児童との交流

小学校と連携し，幼児と児童が活動を共にする**幼小交流**の機会は，滑らかな接続を実践するうえで大切な時間である。小学生には自分より年齢の低い子と接することで思いやりが育まれ，それを受けて幼児は小学生へのあこがれや入学への期待が芽生える。また，入学前に小学校に足を運びそこで活動することは，小学校の環境や生活を知る機会にもなり，入学に対する不安解消にもつながる。

また双方の教職員にとっても，普段とは違う子どもの姿から新たな一

幼小交流
　幼稚園や保育所，認定こども園と小学校との交流。

● 写真 13-3 ●　小学生を園に招いての交流会。校長先生も遊びの輪に参加

● 写真 13-4 ●　小学校のお祭り行事に参加。小学生が考えた遊びを体験

● 写真 13-5 ●　小学校で給食体験。美味しくてみんな笑顔

● 写真 13-6 ●　小学校の授業見学。あこがれの机とイスに座り，入学への期待がふくらむ

面を見付けたり，互いの教育への理解を深めたりすることができる。このように，幼小交流は子どもも教職員も得るものが大きい。そこで，交流が充実するように，互いの**年間カリキュラム**に交流を計画的に位置付けることが大切である。そして，そのつど，子どもたちの様子や育ちについて意見を交換し，共に喜び合う時間をもってもらいたい。

年間カリキュラム

3 幼児教育の学びと小学校以降の学習をつなぐために

（1） 接続カリキュラム

　就学に向けて必要な経験を重ねていく時期の教育課程のことを「**アプローチカリキュラム**」，小学校生活が始まり，新しい環境に徐々に慣れていく時期の教育課程のことを「**スタートカリキュラム**」とよぶ。

アプローチカリキュラム

スタートカリキュラム

　アプローチカリキュラムとは，幼児期の学びがこの先どのように育っていくのかを見通して，そのための環境構成や保育内容を具体にし，実践していくためのものである。また，スタートカリキュラムとは，幼児期の遊びを通して育まれてきたことが，各教科等の学習に円滑に接続されるように考えて編成し，それを実施するためのものである。

　これらのカリキュラムを作成する際には，2つのカリキュラムが滑らかに接続するように連続性と一貫性をもたせ，具体な内容について工夫を重ねなければならない。そして，作成には幼稚園・保育所・認定こども園と小学校，どちらもの考えも反映されることが必要となる。

● 写真 13-7 ● 入学前に小学校の広い校庭でかけっこ（アプローチカリキュラムに位置付け）

（2） 保育者と小学校の教師とのつながり

　連携を考えるうえで，滑らかな接続の在り方を考えるのも，交流を計画して実施するのも，保育者や小学校教師の役割である。教育体制が違う相手と意味のある連携を行うには，互いを理解し，**育ちを喜び合う関係性**が必要となる。互いを知るには，それぞれの行事やオープンスクー

育ちを喜び合う関係性

ルなどの機会に足を運んで取り組みを目にしたり，一緒に研究会に参加して学びを共有したりするなどが有効な取り組みである。接続カリキュラムについて共に検討し合うのもよいだろう。

　実際に小学校とつながりを持つことは難しいと思うかもしれない。しかし，同じ地域の子どもを育てるという点では立場は一緒である。互いの教育を尊重し，考えを交わしつつ，1人ひとりの子どもの育ちをつなぐ同志として，よりよい**協力体制**をつくるように努力したい。

協力体制

【引用文献】
1）文部科学省『幼稚園教育要領〈平成 29 年告示〉』フレーベル館，2017 年，p. 9
2）厚生労働省『保育所保育指針〈平成 29 年告示〉』フレーベル館，2017 年，p. 30
3）文部科学省『小学校学習指導要領〈平成 29 年告示〉』東洋館出版社，2018 年，p. 21

【参考文献】
1）内閣府『幼保連携型認定こども園教育・保育要領〈平成 29 年告示〉』フレーベル館，2017 年
2）兵庫県教育委員会『学びと育ちをつなぐアプローチカリキュラムの作成』2018 年
3）文部科学省『指導計画の作成と保育の展開〈平成 25 年 7 月改訂〉』フレーベル館，2013 年

お薦めの参考図書

① 佐々木宏子・鳴門教育大学学校教育学部附属幼稚園『なめらかな幼小の連携教育　その実践とモデルカリキュラム』チャイルド本社，2004 年
② 滋賀大学教育学部附属幼稚園『学びをつなぐ―幼小連携からみえてきた幼稚園の学び』明治図書，2004 年
③ 全国幼児教育研究協会編『学びと発達の連続性―幼小接続の課題と展望』チャイルド本社，2006 年
④ 戸江茂博監，田中卓也・古川　治・松村　齋・川島民子編著『保育者・小学校教諭・特別支援学校教諭のための教職論』北大路書房，2014 年
⑤ 田澤里喜・吉永安里編著『あそびの中の学びが未来を開く　幼児教育から小学校教育への接続』世界文化社，2020 年

ま と め

1 平成30（2018）年4月から新たに施行された幼稚園教育要領および保育所保育指針における改訂のポイントとして，幼児期の教育と小学校教育との円滑な接続についてより詳しく明記されたことがあげられる。

2 円滑な接続が求められる背景に，小1プロブレムの問題がある。入学後，教育スタイルや環境の違いに子どもたちが戸惑うことが無いようにする必要がある。

3 滑らかな接続のためには，幼児期の教育と小学校教育に連続性を持たせることが大切である。ただし，幼児期の教育は小学校教育に向けた準備教育を行うのではない。日々の保育がこの先どのようにつながっていくのかを見通し，幼児の主体性を大切にして，保育内容や環境構成を工夫することが必要である。

4 接続カリキュラムを作成する際には，アプローチカリキュラム，スタートカリキュラム，この2つのカリキュラムが滑らかに接続するように連続性と一貫性をもたせなければならない。そして，作成には幼稚園・保育所・認定こども園と小学校，どちらもの考えも反映させながら，具体な内容について工夫を重ねなければならない。

5 保育者と小学校教師が協力し合うことで，よりよい連携が生まれる。そのために，互いの教育を理解し，子どもの育ちを喜び合う関係性が必要である。

演 習 問 題

① 教育方法や環境について，保育所・幼稚園と小学校とでは，どのような点が違うか具体にあげてみよう。

② 小学校生活に向けて，幼児期に経験しておいた方がよい内容とは何か，自分なりにアプローチカリキュラムについて調べ，考えてみよう。

③ 幼児期に経験するさまざまな遊びが，それぞれ小学校のどのような教科につながっていくのか，思いつく限りあげてみよう。

第14章

保育内容「環境」の実践事例

1 乳児が関わる保育「環境」

（1） 保育所保育指針には

「環境」は，まさしく「周囲の様々な環境に好奇心や探究心をもって関わり，それらを生活に取り入れていこうとする力を養う」領域である。

保育所保育指針には，「**5領域**」ごとに，ねらいや内容が明確に示されているが，「環境」に関しては以下の通りである。ここでは，1歳以上3歳未満児の「ねらい」「内容」「内容の取扱い」を示している。

1）ね ら い

「環境」の基本的な考えは，子どもが身近な環境に親しみ，関わりを持って自分の生活や遊びの中に取り入れ，日々楽しむことである。そこで，保育所保育指針では，「ねらい」を次のように示している。

> ① 身近な環境に親しみ，触れ合う中で，様々なものに興味や関心をもつ。
> ② 様々なものに関わる中で，発見を楽しんだり，考えたりしようとする。
> ③ 見る，聞く，触るなどの経験を通して，感覚の働きを豊かにする。

2）内　　容

子どもたちを取り巻く環境には，これまで見てきたように4つの環境がある。子どもたちが使う玩具，絵本，遊具などは「**物的環境**」であり，雨の日・晴れの日・曇りの日・雪の日・寒い日・暑い日といったお天気などは「**自然環境**」であり，園での友だちや友だちの保護者・保育者の先生などの人たちは「**人的環境**」であり，子どもの身近な「場」の雰囲気や社会事象を「**社会的環境**」として捉えられることが，最近では一般的になってきているといわれている。つまり，

子どもの周りのありとあらゆるものが環境であるといえる。

「内容」については，次のように書かれている。

① 安全で活動しやすい環境での探索活動等を通して，見る，聞く，触れる，嗅ぐ，味わうなどの感覚の働きを豊かにする。
② 玩具，絵本，遊具などに興味をもち，それらを使った遊びを楽しむ。
③ 身の回りの物に触れる中で，形，色，大きさ，量などの物の性質や仕組みに気付く。
④ 自分の物と人の物の区別や，場所的感覚など，環境を捉える感覚が育つ。
⑤ 身近な生き物に気付き，親しみをもつ。
⑥ 近隣の生活や季節の行事などに興味や関心をもつ。

3）内容の取扱い

保育者として，子どもたちに適切な指導をするためには，**「内容の取扱い」**について十分理解し，**子どもの発達**や興味・関心についても把握することが必要である。

「内容の取扱い」については，次のように書かれている。

① 玩具などは，音質，形，色，大きさなど子どもの発達状態に応じて適切なものを選び，遊びを通して感覚の発達が促されるように工夫すること。
② 身近な生き物との関わりについては，子どもが命を感じ，生命の尊さに気付く経験へとつながるものであることから，そうした気付きを促すような関わりとなるようにすること。
③ 地域の生活や季節の行事などに触れる際には，社会とのつながりや地域社会の文化への気付きにつながるものとなることが望ましいこと。その際，保育所内外の行事や地域の人々との触れ合いなどを通して行うこと等も考慮すること。

（2） 生き物との関わり

保育所に出向くと玄関先で良く見かけるのが，めだかや金魚・カブト虫などさまざまな生き物が飼育されている様子である。子どもたちは，生き物を育てる体験の中から**命の尊さ**を知ることとなり，いたわり大切にする気持ちを養う。また，飼育している生き物だけでなく，植木鉢やプランターで育てている花や野菜など身近な生き物に気付き，親しみを持つことができるようになる。

ただ，子どもたちが生き物に接した際には，手洗いをするなど衛生面に留意しなければならない。

● 写真 14-1 ● ままごとコーナー

● 写真 14-2 ● トイレの壁面（実習生の作製）

● 写真 14-3 ● 母子の手形の木

● 写真 14-4 ● 手づくりのお家

（3） 身近なものを使ってのごっこ遊び

　段ボールや牛乳パック・ペットボトルなどの身近なものを使い，冷蔵庫やテレビ・電子レンジなどをつくり，日常での家庭生活を**ごっこ遊び**から学ぶことができる。子どもたちは，アイデアを活かし日常生活の中で使っている物を思い出しながら作成する。身近なものを使って作成することで「切る・貼る・作る」といった活動を通し，はさみや糊・セロハンテープなどの道具の使い方を身につけることができるようになる。

　田宮（2018）は，「ごっこ遊びは，子どもたちの発達にとって非常に大切な遊びです。なぜなら，ごっこ遊びを通して社会のしくみや文化を知り，他者の立場から自分を見たりすることができるようになっていくからです。」[1]と，ごっこ遊びを通じての学びについて述べている。

（4） お餅つき

　地域の高齢者の方々や保護者に手伝ってもらい，お餅つきをすることで季節の行事を学ぶことができる。さらには，日本の伝統や文化についても学ぶことができる。もち米を蒸すところから始め，子どもは代わる代わる杵を持ち，ぺったん・ぺったんとお餅つきをする。つきあがったお餅は，自分たちで丸め，きな粉やお砂糖をまぶし，おやつとしていただく。

日常生活の中で，臼や杵を目にすることもない子どもたちにとっては，珍しい物を目にすることができ，興味・関心が深まる。また，核家族が増えるなか地域の高齢者の方々と関わることは，**世代間交流**ができる大切な場である。

2 発見・気づきから好奇心・探究心へ

（1）「発見カード」

　B幼稚園では，年間を通して外遊びを積極的に取り入れている。園内には園庭が２ヵ所あり，１面は芝生，もう１面は自然のままに残してあり，タンポポやシロツメクサをはじめ，雑草も生えており，そのほか多種の木々がある。１年を通して四季を感じられるように環境を整えている。

　子どもたちは，園内に生息している生き物を発見しては，「先生，見つけた！」と，よく見せに来る。「どんなん？　どんなん？」と，ほかの子どもたちも寄ってくる。よくある光景である。「何ていう虫かな？」「何食べてんねんやろ？」と興味津々である。そのときがチャンスである。「一緒に調べてみよう！」と保育者が**図鑑**を取り出し，一緒になって，その生き物について調べるのである。どのような環境にいるのか，何を食べるのかなど，一緒に考える。季節ごとの生き物に触れ，それがどのような環境で生きているのか，考えるきっかけとなるのである。

　そして，発見した生き物をあらかじめつくっておいた**「発見カード」**の中から見つけ出し，ボードにかけるのである。そうすることで，子どもたちは，その生き物がすでに見つかったことを知るとともに，ほかの生き物についても「見つけてみよう！」という気持ちになるのである。

　この「発見カード」は，草花など，子どもたちの身近にあるものをできるだけそろえておく。子どもたちが，**季節の変化**や環境を目で見て発見できるきっかけとしてほしいと考えている。とくに，季節の移り変わりの時期には，両方の季節のカードを準備しておくと，子どもたちの興味も強まる。

● 写真 14-5 ●　発見図鑑とカード（年長）

● 写真 14-6 ●　発見カード（年中）

また，年長児になると，朝のコーナーの保育時間に発見したものを絵で表現し，その名前を記載したうえで「**発見図鑑**」をつくり，楽しんでいる。

子どもたちは，興味を持つと「なんだろう？」「**不思議**だな？」と考え，「調べてみよう」と「**探究**」するのである。そして，それが何であるのかがわかったとき，「**発見**」の喜びを得て，また，次に目を輝かせるものである。このサイクルを繰り返すことで，子どもたちは，**感性**（五感）が磨かれ，よりいっそう不思議なものを「不思議だ」と感じられるようになるのである。いわゆる「発見」から「**気づき**」また「**発見**」へとつながっていき，子どもたちの興味は無限であり，探究心もまた同様である。

（2）「エコバッグ」

B幼稚園では，園外に行く機会を多く持ち，その場で見つけたものを子どもたちがよくビニール袋に入れて園まで持ち帰っていた。何か発見すると「先生，ビニール袋ちょうだい！」という具合に，簡単にビニール袋を使うようになっていた。

また，一方で夏のキャンプ（年中：1泊保育，年長：2泊キャンプ）では，「ウミガメが，ビニール袋を好物のクラゲと間違えて食べてしまい，死んでしまっている。私たちが，生き物を守らなくてはいけない。これは，神様から私たち人間に与えられた大切なお願い（使命）である」ということを話す場面を持っていた。

一方ではビニールを頻繁に使い，また一方では生き物を守らなくてはならないことを伝えていたのである。その点に矛盾を感じていた保育者たちは，何かよいアイデアはないかと考えていた。そのようなとき，**廃材遊び**で子どもたちがよく使っていた牛乳パックを利用することを思いついたのである。

年中児を中心に作成し，子どもたちとも使い方などを相談した。

① 発見したものを入れる。

② 生き物は図鑑で調べ，よく観察した後は，保育室で飼育できるものは保育者と相談をして飼育する。むずかしいと判断したときは，元の場所に戻す。

③ 木の実などは，持ち帰ってもかまわない。

④ 光る泥ダンゴなど，完成したものは保育者と相談をして持ち帰ってもかまわない。

⑤ 翌日には，きれいにしてまた使えるようにしておくなど。

1学期が始まって少し経つと，まずこの「**エコバッグ**」製作をする。廃材提供でいただいた牛乳パックをもう1度よく洗い，乾かしておく。自分の好きな色画用紙に自由に絵を描き，牛乳パックに貼り付ける。穴を開け，ひもを通し，首からかけられるようにするとでき上がりである。

● 写真 14-7 ●　エコバッグ

● 写真 14-8 ●　エコバッグを持って散歩

　子どもたちは，どこへ行くときもこの「エコバッグ」を持ち歩き，発見したものをバッグに入れては，保育室に持ち帰り，子どもたち同士で見せ合ったり，保育者に見せたりして一緒に本や図鑑で調べるようになった。「エコバッグ」は，家にも持ち帰ることができるので，各家庭でも子どもたちと考える機会が持てるようになり，環境について配慮するようになってきていることがうれしい知らせである。そして，1年を通して「エコバッグ」を身近なものとして利用することで，子どもたちがよく考え，今まで簡単に使っていたビニール袋を必要以上に使うことなく過ごすことができている。

（3）宿泊保育

　先にも述べたようにB幼稚園では，夏に1泊保育（年中），2泊キャンプ（年長），そして，冬に1泊ウインターキャンプ（年中）を実施しているが，すべて同じ場所に行くようにしている。それは，年中のときには発見できなかったものが年長になると発見でき，**季節が変わる**ことで，**別の発見**ができるからである。

　年中のときは，保育者が考えたファンタジーの世界を通して1泊し，自信をつけることが1つの目標である。

　年長になると，2泊することは全員がわかっており，そのキャンプに向けて普段の保育の中でいろいろと準備をしていく。先に述べた「発見カード」からキャンプ場近くにいる虫や草花をあらかじめ調べておき，実際に現地に行って発見することでさらに興味や関心を持つようになる。また，昼間だけではなく，**ナイトハイク**にも出かけ，夜の静けさを感じながら，夜にしか見ることのできない世界を体験する。

　そして，星にも興味を持てるように広場に寝転がり空を眺める。事前に本や星座標，簡易プラネタリウム（年中の秋の遠足には科学館へ行きプラネタリウムを体験し，星座の神話にも興味を持っておく）を見ることで，すでに興味を持っており，「一番星や！」と発見するやすぐに報告してくる。

同時に宇宙にも興味を持ち，宇宙の壮大さや不思議さを感じながら，自分たちが生きている地球について関心を持てるようにうながす。子どもたちは，これまで経験してきたことや発見してきたことを少しずつつなげながら，環境について

● 写真 14-9 ●　夏の池（カヌー）

● 写真 14-10 ●　冬の池（氷山歩き）

興味を持って考えられるようになってきた（ときには，秋の運動会での年長組全員による身体表現につなげることもある。例：「地球誕生」や「秋の大四辺形」など）。

　そして冬には，夏とはまったく違った環境を目の当たりにし，子どもたちは，新しい発見をする。霜柱や，ツララ，凍りついた池など，夏との違いに気づきながら，「どうして？」「不思議？」から「調べてみよう！」につなげるのである。とくに，夏にはカヌーに乗って探検できた池が，冬には凍りついてその上を歩く体験は，子どもたちにとって「不思議‼」のなにものでもないのである。

　子どもたちがよく観察し，手にとって見たり，においをかいだり，ときには，氷が解けたり割れたりする音を聞くことで，より一層興味を持つようになる。1 人ひとりが**感性**を研ぎ澄ましながら，**五感**を通して身の回りにある「不思議」に気づき，興味を持って探究することが，これから経験するであろう問題を解決する「**問題解決能力**」を身につけることにもつながると考えられる。

　私たち大人（保育者）は，子どもたちが「**発見**」する機会をつくるとともに，子どもたちが「不思議だな？」と考えたとき，そばに寄り添い，一緒に考える姿勢と，その「不思議」は，いったい何なのかについて調べるための資料を準備・整備しておくことが大切である。

3 思考力・判断力・表現力の芽生えを育む指導

　平成 29（2017）年告示 幼稚園教育要領 第 1 章 総則 第 2 には幼稚園教育において育みたい資質・能力及び「幼児期の終わりまでに育ってほしい姿」が示されている。幼児の資質能力の 1 つとして，「気付いたことや，できるようになったことなどを使い，考えたり，試したり，工夫した

り，表現したりする『思考力，判断力，表現力等の基礎』』[2)]を育むことが目指される。

　子どもは身の回りのいろいろな物，事象，出来事などに出会う。環境に関わることで子どもの「おもしろい！」「あれ？何だろう？」「すごい！」「不思議！」などの感動する気持ちが「やってみよう」「こうしてみたらおもしろい！」「どうなるのかな？」と行動のきっかけになったり，活動の広がりや子ども同士のつながりへと発展したりする。子どもが興味・関心をもち，行動を通して探求することで自分なりの解決の過程を積み重ねていく。子どもの感動や意欲，展開しようとする活動を保育者の「気づき」によって丁寧に捉え，**環境を構成，再構成**しながら，**思考力・判断力・表現力の芽生え**へと育んでいきたい。

❦ 事例① ❦

雨上がりの工事（4歳児）

　雨上がりの園庭で，木製アスレチックの滑り台下の地面のくぼみ，サッカーゴールの下に大きな水たまりができていた。4歳児のＳ児は「滑りたい…」と木製アスレチックの上から滑り台を覗き込む。保育者は「水たまりがあるし，滑り台も濡れているから今は滑れないねえ」と声をかけた。するとＳ児はいきなりシャベルを持ち出し園庭の土をすくって，滑り台下の水たまりを埋め始めた。それを見ていたＨ児とＮ児は「ぼくらも手伝ってあげるわ」と同じようにシャベルを持ってくる。滑り台下の水たまりを埋め終えると「今度はあっちだ！」とサッカーゴール下の水たまりの方向へ走っていった。この水たまりは先ほどより大きく深さもある。運動場の土をすくって埋めても土が水たまりの中に吸い込まれていくのでなかなか埋まらない。Ｎ児は「あっ，僕いいこと考えた！」と砂場の遊具入れから手付き容器とバケツを持って

くる。Ｎ児は手付き容器で水をすくいバケツに溜め，バケツがいっぱいになると側溝に泥水を流すという手順で水たまりの水をすくい出した。この作業が面白くＨ児も同じようにバケツを用意し，シャベルで水をすくいだしたり，コップを使ってみたりとどの方法が水をすくいやすいか，いろいろと試す姿が見られた。しばらく作業を続け水たまりの水はすっかり無くなった。雨上がりの園庭で子どもたちはにわか工事を楽しんだ。

● 写真14-11 ●　水たまりですくい出している

　Ｓ児の「遊びたい」という気持ちが，友だちと一緒に生活の場を整える「工事」遊びに発展していった。工事では子どもなりに思いついたさまざまな用具を使って水をすくい出し，最後には水たまりの水はすっかりなくなった。工事途中で「こっちの方がすくいやすいよ」とＮ児がＨ児に手つき容器を差し出した。差し出した容器は縁の厚みの薄いものであり水がすくい易い形状になっている。ここにＮ児の発見が見出される。さまざまな容器でバケツに水を溜めたり，運んだ

りする作業を通して，子どもなりの**思考力**，**判断力**を働かせ，物の形や性質，量や重さなどを遊びの中で理解する機会になったのである。

🌱 **事例②** 🌱

とろとろづくり（5歳児）

　園庭に気の合った2，3人が集まってしゃがみ込んで地面の土を集めている。Ｙ児は表面のサラサラの土を砂場遊具のこてで集めては砂場遊具の鍋のなかに入れている。「Ｈ子ちゃん。水汲んできて」と声をかける。一緒にいたＨ児はジョウロに水を入れて運んでくる。「ここに少し水を入れて」というＹ児の言葉にＨ児は通称「サラ砂」の入った鍋に水を注ぎ込む。すかさずＹ児は遊具の玉杓子でくるくると鍋の中をかき回す。「ストップ！」。再びＨ児とＹ児はサラ砂を集めて鍋に入れる。ジョウロの水を加減しながら入れる。このどろどろした泥水は「とろとろ」と名前がつけられた。とろとろづくりは砂の量，水の量，砂の粒の大きさの違いによって混ぜるときの手の感覚の違いを楽しんでいるようである。その硬さ具合によって，その子なりの好みの到達度があり，それが出来上がったときには**達成感**があるようだ。

　Ｒ児，Ｍ児，Ｄ児のグループは同じようにとろとろづくりをしている。園庭を深さ5センチほど掘った所の土を小さなバケツに集めて，水を入れてかき回している。「これ，土粘土」と土の層の少し下に黄土色の粘土の層が見えており，3人はそれを指先で集めている。土粘土が取れるこの穴は3人のお気に入りらしく，いつもこの場所で集まって粘土を指先でかき集めては水を混ぜてとろとろづくりが始まる。

　Ｔ児は砂場でふるいを2つ重ねにして砂をふるっている。「何つくってるの？」と保育者。「焼きそば」とＴ児。「俺のお母さん，焼きそばつくるのうまいねん」と草を焼きそばに見立てた料理に，「これは粉砂」と言いながら2つのふるいを通した，粉のように細かい粒子の砂をかけている。同時にふるいの中に残った小石は違う容器に集めている。保育者は容器の粒子の荒い砂を指差し「これは？」と尋ねる。「ザラ砂。これはコショウやねん」Ｔ児は手つきもよく，焼きそばをつくり続けた。

● 写真 14-12 ● 粘土をほじくり容器の中を混ぜている

　園の子どもの身近な環境として，園庭や砂場の土や砂，水などが挙げられる。この事例では子どもたちはとろとろづくりを繰り返すうちに，土や砂の粒の大きさによって，さらにそこに加える水の量によって手触りや，出来具合が違うことを遊びながら感じている。それぞれの活動で子どもは土や砂の性質や形状の違いによって，子どもの言葉で「とろとろ」「粉砂」「サラ砂」「ザラ砂」「粘土」とその粒子の性質の違いを表現している。子どもの経験と手触りの感触，知っている言葉を駆使した命名である。このような**表現力の芽生え**を丁寧に捉えていきたい。また友だちと

一緒に**試行錯誤**することで「もっとこうしてみよう」という思いが広がって活動が深まっていく様子が捉えられる。

　事例では子どもたちはいろいろな遊びを通して，こうやりたいというめあてに向かって，遊び方を考える，園庭の土や砂の感触を楽しむ，性質の違いや変化に気付く，感じたことを言葉で表現する等，遊びを通してのさまざまな学びの機会となった。自分たちの思いを達成するために遊びを探求する子どもの姿やそこでの育ちを保育者も同じ気持ちになりながら見守っていきたい。

❦ 事例③ ❦

裏庭の桜の木をめぐって──季節の変化を感じながら（4歳児）

　S幼稚園の園舎の南側には運動場と呼ばれる広い園庭がある。北側には裏庭と呼ばれる隠れ家的な小さな庭がある。ここにはノラの家と呼ばれる滑り台つきの小屋があり樹齢40年以上にもなる桜の大木が2本生えている。桜の木の枝には園長の手づくりブランコやぶら下がり用のロープが設置されている。周りには竹製の手づくりアスレチックがある。子どもたちはここを『ミニミニ森の広場』と名付けて親しんでいる。

　4月には満開の桜の木の下で，毎年新入園児が記念撮影をする庭である。ときにはゴザを敷いてお花見気分でおやつの時間を過ごす。5月ごろ，桜が散った後は食用ではないが小さい赤い実が実る。「あっ，サクランボ」「どこどこ？」「ほら，あそこよく見て！」「先生とって！」などと子どもたちは目を凝らせて小さな赤い実を探す。「食べられる？」と子どもが尋ねるので保育者が代表で舌の先で赤い実をなめてみた。「アッ，酸っぱい！」と顔をしかめる。

● 写真 14-13 ●　桜の花びらを見ている

子どもも保育者をまねて同じことをしてみた。子どもも顔をしかめて，この赤い実はスズメにあげようということになった。

　裏庭の窪んだ場所は，昨年の枯葉を溜め，腐葉土づくりをしているところである。保育者と子どもが「栄養の土」と呼ぶこの腐葉土はこの時期に，プランターやミニ菜園の土づくりに混ぜて利用する。夏には緑の葉が茂り，広場に大きな木陰を提供し子どもを暑さから守ってくれる。

　秋も深まり11月になると，桜の木は落葉の季節を迎える。この葉は赤・黄・茶などに色づき，裏庭は落ち葉の絨毯で敷き詰められる。この季節になると子どもが落ち葉をかき集められるように小さな熊手を用意しておく。

　「葉っぱはここに集めると栄養の土になるから集めてね」と保育者は裏庭で遊ぶ子どもに声をかける。腐葉土をつくるための窪地に落ち葉をかき集めるR児。「R男こっちにも，持ってきて」「おれたち基地つくってるねん」とH児とU児がR児を誘う。その声に答えるようにR児は熊手で葉をかき集めて，腐葉土

の窪地と反対方向にあるH児たちが遊ぶ小屋，「ノラの家」に向かって熊手で落ち葉を引きずっていく。「ぼくも運んであげるわ」とT児は両手づかみで山盛りの枯れ葉を運びながら遊びに参加する。「もっと！」「もっと！」H児の掛け声で小屋のなかには枯れ葉が敷き詰められ「ベッド！ベッド！」とU児は大喜び。「シャカシャカ言ってる」とU児，H児，R児は敷き詰められた枯れ葉の上で足を踏み鳴らす。「ベッドに寝るね」と今度は枯れ葉に寝転がる。「あ〜，ふわふわで，いいにおい」裏庭の落ち葉をふんだんに使い，集めたり，運んだり，そこで寝転んだり，音や匂いを楽しみながら基地づくりは数日繰り返された。後片付けでは少し高い位置にある基地から落ち葉を地面に落としたり，ときには上に放り投げてみたりしながら，木の葉の音や舞い落ちる様子を楽しみながら子どもたちの片づける様子が見られた。

● 写真 14-14 ●　　落ち葉を運んでいる

● 写真 14-15 ●　　落ち葉を踏んでいる

　このように自然は子どもにさまざまな経験を与えてくれる。桜の木の変化と共に子どもたちは五感で季節を感じている。中でも秋の落ち葉は身近に親しみ易い環境であり，落ち葉そのものの美しさ，量の豊富さ，扱い易さなどから子どもの興味の対象になりやすい素材である。身近に熊手が用意されていることで落ち葉集めや基地づくりが始まった。木の葉を敷き詰めてベッドに見立てたりさらにそれを基地としてイメージして遊んだり遊びが発展していった。遊びを面白くするために，子ども同士が声を掛け合いながら関わり，同時にそれぞれの子どもが積極的にまわりの自然環境に関わる姿が見られる。この意欲が思考力，判断力，表現力の基礎を培い，子どもの心身の発達を促すことにつながる。活動に見られる子ども自身の**見方や考え方**を大切にしたい。また子どもの発想を十分に生かせるよう，自由に活動できる場や時間を保障することが必要である。

　「栄養の土」は緑の葉が紅葉し，落ち葉となり，腐葉土となり土の栄養素となるという循環に気づく機会である。このことを通して生活の中で自然の恵みに対する不思議さや畏敬，感謝の気持ちの芽生えを育みたい。

　さらに落葉した桜の木は冬を過ごし，春が近づくころには冬芽が見られる事に気づく。保育者自身が樹木の四季の変化の過程に気づき，感動する心を忘れてはならない。

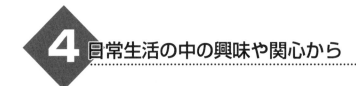

4 日常生活の中の興味や関心から

　子どもは，身近な事物を見たり，触れたりするなかで興味や関心を示し，繰り返し遊ぶことで感覚を豊かにする。**簡単な道具**を使いながら指先の力を増し，自身の持つ**感覚**を養っていくのである。まずは，１歳児の遊びの実践例からそれを示したい。

（1）　容器の中に色玉を入れる遊び

▿　**事例④**　▿

繰り返し触れたり，試したりする遊びを楽しむ（１歳児）

　１歳３ヵ月のＡ児は，プラスティックの透明な容器に色玉（プラスティック製）を落とすのを好んで遊んでいる。色玉は 10 個ごとにゴムひもに通し，棒状になっている。フタつき容器のフタには直径１センチくらいの穴が開いていて，その穴に色玉を通すと下の容器に落ちるしくみになっている。Ａ児は１つの色玉を指先でつまみ，穴をめがけては落とし，容器内に落ちたのを見て，次の色玉も同じく穴にいれ，何度も繰り返し遊んでいる。Ａ児は色玉が容器内に入るたび，ポトンと音が鳴るのを聞いているうちに，今度はその容器を持って鳴らし，音がガラガラと鳴ることにも喜ぶ表情を見せていた。

　容器の中に色玉がいっぱいになると，「もう１回したい」という仕草で保育者に容器を渡し，容器の中に入った色玉を取り出すようにせがんできた。そこで，保育者は容器のフタを開け，中の色玉を取り出して「はい。どうぞ」とＡ児に差し出すと，Ａ児は嬉しそうな顔を示して，また繰り返し遊びを続けていくのである。

　次にＡ児は，色玉がつながれているゴムひもに触れ，そのゴムを伸ばしたり，振ったりして，その感触を楽しむ遊びを始めだした。その様子を近くに座って見ていた１歳１ヵ月のＳ児もその遊びに興味を示し，色玉を手にとってしばらく眺めたあと，自分もＡ児をまねて容器の中へ落とす遊びを始めた。容器の中に色玉が入るポトンと鳴る音にも興味を示し，Ａ児と顔を見合わせながら笑い合う姿が見られた。

　このように１歳児の子どもは，単純な道具を使ったり，友だちの遊びをまねたりすることを何度も**繰り返す**ことで運動機能の発達を獲得していくのである。

　また，人や物への関心が強まることで自分のしたいこと，誰かに手伝ってもらいたいことを身ぶりや喃語で保育者に伝えようとする欲求も増してくるのである。

　このことから保育者は子どもがいつでも遊べるようにおもちゃを用意するが，ここで注意しておきたいことは，１歳児前半の子どもは口に入れて物が何かを確認することが多い。色玉が破損

● 写真 14-16 ●　保育者の見守りのなかで

● 写真 14-17 ●　色玉にふれて

していないか，汚れていないかなど，子どもが触れる前に必ず**確認**，消毒をすることである。また，事例のようにほかの子どもが興味や関心を抱き，遊びに加わることが多く，数が少ないと些細なトラブルを招くこともあるので，数量は多めに用意しておくことも大切である。

　保育者は，つねに子どもの遊びが豊かに展開していくために子どもの近くに寄り添い**見守り**ながら，その遊びが**安全**に進む環境づくりを整えることを忘れてはならない。

（2）　野菜の収穫

　〈ねらい〉自分で育てた野菜を通して収穫の喜びを知り，食に対する意欲を高める。

　平成 17（2005）年施行の「食育基本法」をふまえ，「保育所における食育に関する指針」を参考に保育の内容の一環として「保育所保育指針」にも食育の推進が求められるようになっている。保育所の生活のなかでも，食事の位置づけは重要視され，保育者は子どもたちの健康な生活の基本を培う場として「給食」を行っている。

　子どもたちのなかには**野菜の好き嫌い**を示す子もおり，食べるのに時間がかかる原因となっている。食育の基本である「子どもが生活と遊びの中で，意欲をもって食に関わる体験を積み重ね，食べることを楽しみ，食事を楽しみ合う子どもに成長していくことを期待するものであること」からＡ保育所では，野菜の**栽培**，**収穫**をすることで，野菜への興味や関心を高める工夫を取り入れている。

　野菜を自分たちの手で育て，収穫することで野菜の成長を知り，理解することを学んだ子どもたちは，野菜を食することへの興味や関心も強くなってきている。今年は，稲，ピーマン，トウモロコシ，ジャガイモ，ゴーヤ，キュウリ，ラッカセイ，マクワウリ，ヒョウタンなども植え，それぞれ実をつけている。食材を身近に感じることで食への興味や関心を抱くだけではなく，「食べること＝**生きる力**」を感じてほしいと願っている。

　子どもたちが野菜づくりを体験することは，このようなねらいをふまえるだけではなく，生き

るものをいただく感謝の心も感じてもらいたい。

　都市部などの保育所では，環境により制限されることもあるだろうが，簡単にできる野菜づくりを通して生活の基本である食事を楽しんで食べられる環境へとつなげてほしい。

　保育者は子どもたちの日頃の姿をよく観察することが大切である。「なぜ，この子は食べないのだろう？」と疑問に思うことで，たとえば，保護者に家庭での様子を尋ねてみたり，食事場面を工夫したりして要因がわかってくるのである。子どもの姿を知ることは，1人ひとりの子どもの特徴がわかることにつながり，それに適した環境を用意すれば，保育生活も安定してくる。

🦋 事例⑤ 🦋

野菜の収穫から（3歳児）

　3歳児のT児は，ピーマン，トマトなど野菜全般が苦手である。子どもたちに人気の献立であるカレーライスでも，副食で出るサラダにこれらの野菜があると，食全体が進まなくなるのである。保育者が「1口でも食べてみようね」と言葉をかけると，ゆっくりとしたペースで口に運ぶが，口の中に入れたまま，かんだり，飲み込んだりしようとしない。このような状態が続き，T児を含む野菜の苦手な子どもたちに野菜を好きになってほしいと考えていた保育者は，まずは手はじめに野菜の絵本や図鑑を読んでみたところ，T児が興味を示してくれた。T児は，野菜の花が咲くことや成長の姿を見て，「かわいい花ね」「大きな実がついたね」と友だちに話し始めた。そこで，保育者はクラスの子どもたちに野菜を植えることを提案し，何の野菜を育てるかを子どもたちに話し合わせた。たくさんの野菜の名前があがったが，T児の「トマトがいいな」の声をひろい，栽培が簡単なトマト・ナス・シシトウをつくることを決めた。

　5月初旬，保育者は野菜づくりに必要な野菜の苗，プランター，土，石，スコップ，ジョウロを用意した。子どもたちに説明をすると，「野菜の苗ってこんなの？」「土と石もいるの？」と不思議そうに見ている。子どもたちは，プランターの中に石，土をスコップで入れると順番に野菜の苗をそっと植え始めた。「○○ちゃんは何の野菜？」「わたしはナス」「ぼくはトマトだよ」と各々に野菜の名前を口にしている。T児は「ぼくもトマトにしよう」と，トマトの苗を手にして土の中に植えている。その様子を保育者はほほえましく見守ったあと，ジョウロに水を入れてくるように伝えると，子どもたちはジョウロに入れた水をこぼさないようにプランターのところまで運んでいる。「お水はそっとかけましょう」との保育者の言葉に，子どもたちは少しずつ水を入れ始めた。T児の順番にくると「これでいいのかな？」と少し不安げな様子を見せていた。「これで大丈夫よ」と保育者がこたえると，T児は嬉しそうにしばらくの間眺めていた。

　毎日，子どもたちは当番を決めて，水やりをする。「お水これくらいで大丈夫かな？」「もっとあげた方がいいよ」

● 写真 14-18 ●　たくさん実ったね

と言葉を交わしながら，野菜の成長を見守るようになってきた。日ざしの強い日や雨の日の水加減なども次第とわかり，苗が大きく成長するたびに，子どもたちの会話も弾んでいくようになっていた。

　ある日のこと，「ねえ，みんな，ちょっと来て。葉っぱに虫がついているよ」とＴ児が発見し，子どもたちがプランターを囲んでいる。「何の虫かな？」「葉っぱがかじられているよ」「先生，どうしたらいいの？」と心配そうにしている。その様子を見ていた保育者は，「本当だね。何の虫かな？　ちょっと調べてみようね」と言い，図鑑を持ってきた。「この虫かな？」「野菜は大丈夫かな？」と話が弾み，「おいしい野菜だから虫も集まってくるんだね」と理解している子どもたちに保育者は「しばらく様子をみようね」と声をかけた。

　暑さの厳しい夏になり，水不足で枯れたものもあったが，野菜は順調に成長し，たくさんの実をつけるようになった。７月中旬，「先生，来て，来て。トマトが赤くなったよ」「わぁ，本当ね。すごいね」「こっちのナスも大きくなったよ」と，子どもたちは，野菜の実がなっていることを発見するたびに大きな声をあげている。「もう食べられるの？」「大丈夫だよ」と口々に言葉を交わし始めている。「そうね，もう食べられそうだから，今日の給食に出してもらいましょう」と保育者は子どもたちに伝え，手でもぎ取ったり，ハサミでやさしく切ったりした。ザルにいっぱいになった野菜を持って，子どもたちは調理室に運び，「わたしたちの野菜がとれました。給食に出してください」と言って，調理員に手渡している。調理員が「まぁ，たくさんとれましたね。それじゃ，しっかりと洗って，おいしいサラダにしましょうね」と言うと，子どもたちはとても嬉しそうな表情を見せていた。

　その日の給食には，ドレッシングのかかったサラダが添えられていた。「みんなが育てた野菜っておいしいね」「ほんと，とっても甘いね」などと味わって食べる光景が見られた。Ｔ児も友だちと会話をしながら，パクパクと野菜を口にしている。「Ｔちゃん，今日のトマトの味はどう？」と尋ねると，「うん，おいしいよ。だって自分たちでつくったから」とほおばって見せている。「これならトマトも大丈夫？」「うん。大丈夫」と満足そうな笑みを表していた。

● 写真 14-19 ●　ほら！みて。自慢の野菜だよ

　これから保育の現場に出る学生諸君には，これらの実践例を参考に，「じっくり，ていねいな保育環境」を展開してほしいものである。

5 つながりのある環境構成

　子どもは身近な環境に興味を持ち，自分の生活の中に取り入れていこうとする。子どもを取り巻く環境は，物や人がつながり，変化している。物と物，人と人とのつながりやその場のかもしだす雰囲気，時間と共に変化することなど，環境を考えるうえで何がどのように影響し，つながっているのかを考えることは重要である。ここでは，Ｔ幼稚園の実践から，子どもと環境とのつながりの大切さを紹介する。

（1）　自然物とのつながりをつくる

事例⑥

ゴーヤが頭に当たるなあ

　子どもの**身近に自然物**を整えていくことで，気付きも多い。夏に壁面緑化の役割も果たすゴーヤを園庭のスケーター置き場の前に子どもと植えた。植物に興味のある子どもはもとより，スケーターを求めてくる子どもたちにも，頭の上で大きくなり垂れてくるゴーヤは自然に目の中に入ってくる。大きくなったゴーヤが，スケーターを取りに来たときに「頭に当たるなあ」「切ろうか？」と，これまであまり興味を示さなかった子どもたちも一緒に収穫し，関心が出てくるのである。そのことで，においや手触りを身近に感じることができる。一見，スケーターとゴーヤはつながっていないように見えるが，どこに植えるかによって，その意義と役割が変わってくる。子どもの声から保護者も気付き，一緒に味わうことができた。

● 写真 14-20 ●　ゴーヤとスケーター

　ここでは，**物と物とのつながり**や子どもの動線を考え，また避難時の経路など安全性を確保しながら，子どもが自然と出会う機会，触れ合う体験を十分に得られるようにしていくこと，**関わりたくなるような環境**を構成していくことが保育者の役割と言えよう。

（2）　年齢の違う友だちと感動を共有する

🌱 事例⑦ 🌱

セミになるとこ，見つけたよ

　偶然，その日の片付けの前に，普段静かな４歳児Ａ児が「セミや！」と担任に伝えてきた。保育者は，すぐにＡ児の示すところへ行くと，セミがちょうど木の幹で羽化しているところだった。九の字型に殻から抜け出そうとしているセミが見えた。その様子に５歳児Ｂ児もやってきて，「みんなー，セミやでー！」と園内に広めていった。３歳児もやってきて，不思議そうに見上げている。すぐには見

● 写真 14-21 ●　セミだ！

つけられないので，「あそこ」と，５歳児に指さしてもらい，ようやくみつけることができた。**子どもたちのつながり**ができた。ゆっくり時間をかけてセミは羽化していく。しばらく見ていたが，しかし，あまり大きな変化はない。「帰る用意をしてから，もう１回見にこよう」と言い，それぞれのクラスに帰った。その後，子どもたちはいつもにも増して，早く片付け，帰る用意をしてセミを見に行ったが，あまり変化は見られなかった。「おかあさん，セミいるの」と，迎えに来た保護者にも伝え，一緒に見上げる姿があった。降園時間になっても，セミの羽化が終わる気配はなかった。子どもたちは，心残りながら降園した。

　翌日，子どもたちは登園すると一番にセミを見に行ったが，そこにセミの姿はなかった。セミが飛び立つところが見られなかった残念さをそれぞれ思いに込めながら，保育室に戻っていった。しかし，しばらくして，セミの鳴き声が聞こえてきたとき，「あのセミかな？」と子どもたち皆が耳を澄ました。いつもは，気にせず聞こえていたセミの鳴き声にも，**子どもたちの関心**が高まっていった。

　事例⑦より，子どもたちの気付きや発見を大切に見ていくと，ひとりの発見が多くの子どもたちへの広がりとなり，つながっていく。そのためには，子どもたちの興味を大事に，時間を保証し，次の日に来てどうなっているのかという時のつながりも大切に環境を考えていくことが重要となる。**子どもと子ども，今日から明日への時間のつながり**を保育者は意識し，思いをつなげていくことが大切である。

　また，このときのように，**偶発的に起こる出来事**にも耳を傾け，子どもたちの発見を見守り，次の成長へとつなげていく意識が保育者には求められる。環境は，用意するものだけではないのである。

（3）　地域の人と触れ合う環境

事例⑧-1

幼稚園の周りをきれいにしよう

　自分の身の回りをきれいにすることから，5歳児では，園舎の中を掃除する経験をしている。あるとき，園舎の柵の間から，外の溝を見たC児が，「ここも汚いな」と言ったことがきっかけで，外の園舎周りも掃除することになった。普段は，職員で掃除しているところを，その日は子どもたちが袋を持って掃除した。

● 写真14-22 ●　地域の人と周りの清掃

　「こんなに汚れてる！」「誰だ？　こんなところに袋を捨てるのは？」「幼稚園，汚さないで」と，口々に言いながら，手袋をはめた手で，拾っていった。「葉っぱ，この木から落ちてきてるんや」と，上を見上げ発見もあった。子どもは「池の周りは，葉っぱが多いね」と，木の多さにも気付いていた。普段は何気なく見過ごしているところにも気付いている。

　その姿を，地域の人が見つけ，「一緒にやりますよ」と，声をかけてくれ一緒に掃除することになった。地域の人とは，昔遊びや手作り遊具で遊んでもらう機会を持つなど，これまでのつながりもある。関わりを重ねてきているので，子どもの掃除する姿を見て，手伝ってくださったのである。**地域の人とのつながり**がまた強くなった。

　お菓子の空き箱のごみを拾いながら，「ちゃんとゴミ箱に捨てないと」と，自分たちも気を付けるようにしようとする態度にもつながった。

事例⑧-2

お兄さん，お姉さんパーテーションをありがとう

　幼稚園の近隣にK高校がある。K高校では，特別支援学校等への教材提供が伝統的にあった。そこで，幼稚園にも何か作ってもらえないかと提案したところ，子どもに作品を提供してくれるようになった。ただ，物だけが届くのではなく，その前に，高校生と子どもとがふれあい，相手の顔が見える関係を作っていったうえで教材遊具などを作成してもらうことにしたのである。

　最初は，子どもたちは大きな高校生の姿に驚いたが，高校生も怖がらせないように気を付けてくれたので，徐々に慣れ，帰るときには「バイバイ，また来てね」と手を振る姿も見られるようになった。高校生も，「可愛かった」「名前で呼んでくれた」などの感想もあり，触れ合う環境を作ったことで互いの心を解

きほぐすことができたと言える。高校生は，毎年遊びに使えるパズルやキッチンの用具など，子どもたちを思い浮かべながら制作してくれた。幼稚園では，高校生の作品を丁寧に設置して保育に活用していった。子どもたちは，**作ってもらった遊具**などに愛着を感じ，「あのお兄ちゃん，お姉ちゃんが作ってくれた」と，顔を思い浮かべながら大切に扱った。

　このように物を大切にするようになるには，それが**大切だと思える**経験が必要であり，人とのつながりが物とのつながりにも影響する。

　高校生は，コロナ感染が拡大した年に，段ボールとアクリル板を使ったパーテーションを作成し提供してくれた。子どもたちでも持ち運びができ，移動できるものであり，水筒のお茶を飲むとき，お弁当を食べるときなどに活用している。

　「これで，みんなとお弁当が食べられる」「顔がよく見えるね」と，子どもたちは大喜びだった。とても大切に扱っている。高校生という**人とのつながり**が，**物を大切にする**ことにもつながっている。

　自分たちの**生活に関係の深い情報**にも興味や関心をもち，取り入れようとするようになる。

● 写真 14-23 ●　　友だちの顔が見えるよ

　事例⑧-2のように，環境の1つひとつにつながりがあることを意識し，**心のこもった構成**をしていくことが必要である。

6　子どもの自然体験とネイチャーゲーム

（1）　ネイチャーゲームという「しかけ」を通して

　乳幼児期における自然体験の重要性は誰もが認めるところであるが，保育の現場で，子どもが直接自然を体験する機会は必ずしも十分とは言えない。要因はいろいろと考えられる。その1つに保育者自身の**自然体験の不足**や苦手意識が挙げられよう。その理由を，自然体験の重要性は認識しながらも自然と関わった経験が少ない，知識をもっていないなどとする保育者は多い。そこで，ここでは，保育者の力量の有無を問わず，楽しさや感動を伴いながら自然体験活動が進められる**ネイチャーゲーム**の実践を紹介したい。日々の保育の中で，ネイチャーゲームという，ある

意味で保育の「しかけ」ともいえる環境を通して，子どもたちの自然との触れ合いを豊かにし，保育者自身も自然を楽しむようになってほしいと願いたい。

（2） ネイチャーゲームとは

ネイチャーゲームは，昭和54（1979）年，米国のナチュラリスト，コーネル（J. Cornell）により発表された**環境教育プログラム**である。「見る」「聞く」「嗅ぐ」「さわる」等のさまざまな感覚を使って自然との触れ合いを豊かにしていく。日本で考案されたものも含め，現在160種類以上の活動（アクティビティ）が登録されている。この中から，対象者の年齢や人数，季節，場所，ねらいなどにあったものを選んで行う。子どもだけで，あるいはグループで，学級で，親子一緒になど，さまざまな自然との触れ合いを楽しむことが出来る[3]。

（3） 実践を通して子どもの自然体験を豊かに

子どもは基本的に**自然を好む**ものである。しかし，なかには，アリがくると怖がったり，踏みつぶしたり，ミミズやザリガニなどを目の前にして悲鳴を上げたり，砂や土に触れることが出来なかったりする子どもがいるのも事実である。また，まったく大人の働きかけのない状況で草花や木々の葉に自ら関心を示す子どもも多くはないであろう。しかし，自然に対する接し方も興味や関心も異なる子どもたちが，ネイチャーゲームを経験するなかで，**不思議と思う気持ちや好奇心**を高めるようになる。自然を**自分の目で捉え**，発見したことを**友だちと分かち合い**，探究心や**思考力の芽生え**を抱くようになる。その様子はたいへん興味深いものがある。

1）じかきむしの日記

ʕ 事例⑨ ʔ

ぶんちゃんはどこ？（5歳児）

今日は久しぶりにさつき晴れの日。桜の木の下に年長組の子どもたちが集まっている。保育者が，絵本『じかきむしのぶん』[4]の読み聞かせをしている。

「ここがいいわ」とんできたのは　じかきむしのおかあさん。

おいしい　はっぱのなかに　たまごを　ぷちんと　うみました。

…（中略）…

「ああ，おなかがすいた！」たまごから　でてきたのは

じかきむしのぶん。「や！　おいしそうな　においだ。

いただきまあす」さくさく　さくさく　さくさく

皆，集中して見入っている。読み終わって「この庭にもぶんちゃんがいるかもしれない！」という保育者の声に，「ぶんちゃんはどこ？」と子どもたちが一斉に園庭のあちらこちらに駆け出して行く。1人で探す子，2～3人で連れだって葉をひっくり返す子，背伸びをしてみる子…。

そのうち，「これじゃない？」という1人の子のつぶやきが，アッという間に全員に広がり，「ぶんちゃんがいた！」という伝え合いに変わる。

このとき以来，近隣の公園や遠足に行った先で，「ぶんちゃんはどこ？」は，子どもたちの共通の追求事項となった。「アッ，いたいた，ぶんちゃんいた！」「どこ？　アッ，ほんとだ」と道端に立ち止まる。「ぶんちゃん探しはしばらく続いた。

● 写真 14-24 ●　これじゃない？

● 写真 14-25 ●　アッ，ほんとだ

● 写真 14-26 ●　ぶんちゃんだ！

2）フィールドビンゴ

フィールドビンゴは，ネイチャーゲームのなかでもよく親しまれているアクティビティの1つである。ネイチャーゲームを知らない人でも，フィールドビンゴはどこかで親しんでいることが多い。自然の中を散策しながら，ビンゴカードに描かれた題目を見つけていく。自然は，私たちが想像しているよりもはるかに多彩で不思議であることを感じさせてくれる。野外ならどこでも可能であり，**親子活動**などにも適している。

❦ 事例⑩ ❦

親子遠足で楽しむ（4歳児）

4歳児に進級した春の親子遠足。緑豊かな公園での実施である。親子での活動のため，この日は白紙のカード（縦3×横3＝9マス）を用意する。はじめに，親と子が思い思いに相談し，これから探すものをカードのマス目の上方に『くものす』『ちくちくするもの』『あな』などと書き込む。子どもが絵を描き，親が字を書く姿が目立つ。

さあ探検開始！　目当てのものを目指して子どもたちが走る。フーフー言いながら親がその後を付いて行く。喜々として走り回る親子の様子を見ているだけで，いつでも，誰とでも楽しさを生み出し，共有さ

せてくれるネイチャーゲームの**不思議な魅力**が伝わってくる。

『はるのもの』『きいろいはな』『たべあと』など，なるほどと感心するものを見つけて，保育者に知らせに来る。「落ちてたよ〜！」と実際に『とりのす』を見つけてきた親子の周りに人が集まり，「どこにあったの？」「何の巣かな〜？」など，皆が興味津々な様子で，見せ合ったり感心したりしながら**幸せを分かち合う。**

● 写真 14-27 ● "ちくちく" ってこれでいい？

● 写真 14-28 ● はるのもの

● 写真 14-29 ● きいろいはな

● 写真 14-30 ● たべあと

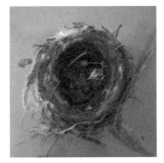

● 写真 14-31 ● とりのす

遠足が終わって寄せられた，保護者からの感想の一部を紹介しよう。

普段は見過ごしがちな葉っぱや木の実などに目を向けることで，子どもが発見する楽しさを感じていることが分かりました。

帰りに誰かに手を振る娘…。「誰かお友だちいるの？」と聞いたら，「森にバイバイしたの」と。沢山の触れ合いがあったんだなあと思いました。

仰ぎ見た新緑と空が本当にきれいでした。"いやし"タイムに参加させて頂き，木に寄りかかって座ってい

たら，近くにしゃがみ込んでいた息子（1歳）がすごい笑顔で私を見ていました。私，いい表情してたかな，と思います。

事例⑪

公園は「あな」だらけ（4歳児）

　その後，フィールドビンゴの経験が子どもたちにも，保育者にも，楽しい活動として取り込まれるようになった。

　園に隣接する公園に散歩に出かけたときのこと。担任手づくりのビンゴカードには，「うずまき」「きのみ」「♡がた」など全部で9個が並ぶ。子どもたちと一緒に決めたもので，「あな」もある。1人の子どもが落ち葉の穴に気付き，「これ穴だよね」と言ったことから，子どもたちの「あな」探しが始まった。穴探しの視線は，葉っぱから，徐々に樹木，木の根元，石ころの下とさまざまな場所に移る。最初に「あな」に目を付けた男児が「先生，公園って穴だらけだね」と言う。ひとたび目を向けると穴は無数にある。そのことに，子どもたちの目を通して保育者も気付かされた。

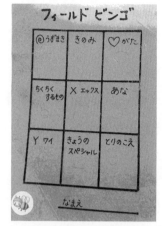

● 写真 14-32 ●　手づくりのカード

● 写真 14-33 ●　「あな」を見つける

　ネイチャーゲームには，シェアリングネイチャーの理念がある。自然への気付き，分かち合い，フローリング等がキーワードとして挙げられる。子どもは勿論だが，保育者自身が実際に**体験することからの学び**は大きい。自然と自分，人と人の繋がり，**受容と共感に基づく指導**などは保育を進める上でも大切にしたいことである。

7 小学校の実践事例から

（1） 保育内容「環境」と生活科

　小学校低学年には，**生活科**という1，2年生にだけある教科がある。子どもたちの発達段階を考慮して平成元（1989）年の小学校学習指導要領で新たに設けられた教科である。幼稚園や保育所と小学校のつながりを考えるとき，自分と身近な人々，社会および自然を学習の対象とし，体験や活動，遊びを通して，「自立への基礎を養う」生活科との連携が重要となる。

　幼稚園教育要領の「環境」では，「周囲の様々な環境に好奇心や探究心をもって関わり，それらを生活に取り入れていこうとする力を養う」ことが求められており，その内容の1つに「**生活に関係の深い情報や施設**などに興味や関心をもつ」がある。小学校の実践事例として紹介する第2学年生活科の「**町たんけん**」は，この内容と深い関わりをもつ学習である。

（2） 第2学年 生活科「町たんけん」

　小学校に入学し，1年生で身近な「学校」について学んだ子どもたちは，より広い社会である「町」を2年生で探検する。

　A市立B小学校の2年生が平成30（2018）年6月に行った「町たんけん」を紹介する。

● 写真14-34 ● メモを熱心にとる子ども

❦ 事例⑫ ❦

町たんけんをしよう！（7歳児）

生活科 町たんけん（全13時間）

〈目標〉

・自分たちが住む町を探検し，町の人々や社会，公共物などに関心をもつ。

・自分たちの生活は，地域で生活したり働いたりしている人々やさまざまな場所と関わっていることがわかる。

・地域に親しみをもち，人々と適切に接することや安全に気をつけて生活することの大切さに気づく。

　「町たんけん」は，自分が行ったことのある校区のお店や場所を**発表する**ことから学習がスタートした。友だちの発表を聞いて，「もっと知りたい」「自分も行ってみたい」との思いを子ども

● 表 14-1 ● 学習計画

日程	時数	内容	形態
5/28〜	①導入	校区内で行ったことのある場所を確認する（公園，児童センター，お店…）。	各クラス
5/29　1限	②	実際お店を見に行ってみる（9：00〜9：30まで）。	全クラス
6/4〜	③	・どんなお店があったか話し合う（「何をしているんだろう」「もっと知りたい」）。 ・自分が行きたいお店を決める。	各クラス
6/4〜	④	どんな質問をするか考える。	各クラス
6/15	⑤	行くお店ごとに集まる。　・自己紹介　・役割分担　・質問内容を決める	学年❶
6/19	⑥	道の確認をする。インタビューの練習をする。	学年❷
6/25	⑦	インタビューの練習をする。	学年❸
6/27	⑧⑨	町たんけんに行く。	学年❹
6/28	⑩	振り返りシートにまとめる。	学年❺
7/2〜	⑪	お店のグループごとにまとめる。	各クラス
7/9〜	⑫	まとめる。発表練習。	各クラス
7/11	⑬	発表する。	各クラス

たちは膨らませていった。

　自分が探検するお店を決めるのは子どもたちである。同じお店に行く子どもたちで集まって，お店に行ったらどうしたらよいのかを考えた。みんながばらばらにインタビューをしたらお仕事の邪魔になることに気づいた子どもたちは，「挨拶係」「進行係」「インタビュー係」などの**役割を分担**し，インタビューをする内容を**話し合い**で決めていった。そして，お店までの道を調べ，インタビューの練習を行って「町たんけん」の日を迎えることになった。

　年齢とともに**活動範囲**が広がっていく子どもたちにとって身近な校区のお店を探検する「町たんけん」は，興味や関心を持って主体的に学ぶことができる学習である。また，お店の方にインタビューをして**コミュニケーション**をはかったり学んだことを発表したりする対話的な学習でもある。そして，学習を通して学びを深化させる「町たんけん」は，新学習指導要領のポイントである「**主体的，対話的で深い学び**（アクティブラーニング）」を実現するうえで適した学習である

● 写真 14-35 ●　町たんけん出発式

● 写真 14-36 ●　保護者見守りボランティア

といえる。

　実施にあたっては，子どもたちの安全に配慮して，事前にお手紙を配布し「町たんけんのお手伝い」を保護者に依頼した。保護者には，担当のお店を示し，「町たんけん」に付き添い子どもたちを見守ってもらうことにした。教室を出て学習を展開するときには，子どもたちの**安全に配慮**して行うことが大切である。

🦋 事例⑬ 🦋

お店の人にインタビューをしよう！（7歳児）

「町たんけん」

　　9：30　出発式・諸注意

　　　　　　お手伝いの保護者との顔合わせ

　　9：45　学校出発

　　　　　① 駅前郵便局

　　　　　② 布団店

　　　　　③ 酒店

　　　　　④ 昆布店

　　　　　⑤ 薬局

　　　　　⑥ 交番

　　　　　⑦ 畳店

　　　　　⑧ 豆腐店

　　　　　⑨ 和菓子店

　　10：40　帰校

　＊持ち物：赤白帽　インタビュー用紙

　　　　　　バインダー　筆記用具等

● 写真 14-37 ●　交番の探検

● 写真 14-38 ●　豆腐店の探検

● 写真 14-39 ●　和菓子店の探検

　自分が選んだお店（①〜⑨）に行ってインタビューをした子どもたちは，インタビューしたことを整理し気づいたことや思ったことをグループでまとめて発表した。子どもたちは，それぞれのお店の発表を，興味をもって聞き，**お店の人の工夫や思い**に気づくと共に**友だちの頑張り**についても「すごい！」「よくがんばったね！」と認めるようになっていった。

　「町たんけん」を体験することで子どもたちの興味や関心は体験前よりもさまざまなお店やそ

こで働く人や友だちなどに向けられ，「町たんけん」で学んだことを自分の生活に取り入れていこうとする子どもが増えていった。

「町たんけん」をきっかけに，友だちやお店の人との関係を深めた子どもたちは，「町たんけん」の後もお店の人と挨拶やお買い物などを通して，地域での**交流**を重ねている。

● 写真 14-40 ●　インタビューをする子ども

【引用文献】
1）田宮　縁『体験する・調べる・考える　領域「環境」』萌文書林，2018 年，p. 30
2）文部科学省『幼稚園教育要領〈平成 29 年告示〉』フレーベル館，2017 年，p. 6
3）日本ネイチャーゲーム協会『ネイチャーゲーム指導員ハンドブック理論編』2009 年，pp. 8-10
4）松竹いね子／さく，堀川　真／え『じかきむしのぶん』福音館書店，2008 年，pp. 4-7

【参考文献】
1）無藤　隆監，福元真由美編者代表『新訂　事例で学ぶ保育内容〈領域〉環境』萌文書林，2018 年
2）文部科学省『幼稚園教育要領解説〈平成 30 年 3 月〉』フレーベル館，2018 年
3）厚生労働省編『保育所保育指針解説〈平成 30 年 3 月〉』フレーベル館，2018 年
4）無藤　隆監『幼保連携型認定こども園教育・保育要領ハンドブック〈2017 年告示版〉』学研教育みらい，2017 年
5）文部科学省『幼稚園教育要領〈平成 29 年告示〉』フレーベル館，2017 年
6）厚生労働省『保育所保育指針〈平成 29 年告示〉』フレーベル館，2017 年
7）内閣府・文部科学省・厚生労働省『幼保連携型認定こども園教育・保育要領〈平成 29 年告示〉』フレーベル館，2017 年
8）文部科学省『小学校学習指導要領〈平成 29 年告示〉』東洋館出版社，2018 年
9）長谷秀揮「子どもの生活と保育内容「環境」とのつながりについての一考察—幼児の園での生活と遊びから"生活科"も視野に入れて」『四條畷学園短期大学紀要』第 50 号，2017 年，pp. 20-30
10）無藤　隆・柴崎正行・秋田喜代美編著『幼稚園教育要領の基本と解説〈平成 20 年改訂〉』フレーベル館，2008 年
11）キリスト教保育連盟『新キリスト教保育指針』キリスト教保育連盟，2010 年
12）R. カーソン『センス・オブ・ワンダー』上遠恵子訳，新潮社，1996 年
13）矢野　正・宮前桂子『教師力を高める学級経営』電気書院，2011 年

● 重 要 語 句 集 ●

● 執筆者一覧 ●

【編著者】

小 川 　圭 子 　（大阪信愛学院大学）

【執筆者】（執筆順）

小 川 　圭 子 　（編著者）　　　　　　　　　　　　　　　　　第 1 章

瀧 川 　光 治 　（大阪総合保育大学）　　　　　　　　　　　　第 2 章

石 上 　浩 美 　（奈良佐保短期大学）　　　　　　　　　　　　第 3 章

梅 野 　和 人 　（四天王寺大学短期大学部）　　　　　　　　　第 4 章

藤 井 奈 津 子 　（梅花女子大学）　　　　　　　　　　　　　　第 5 章

樋 野 本 順 子 　（トリニティカレッジ広島医療福祉専門学校）　第 6 章

稲 田 　達 也 　（豊岡短期大学）　　　　　　　　　　　　　　第 7 章

鈴 木 　由 美 　（豊岡短期大学）　　　　　　　　　　　　　　第 8 章

大 塚 　貴 之 　（豊岡短期大学）　　　　　　　　　　　　　　第 9 章

永 井 　　毅 　（相愛大学）　　　　　　　　　　　　　　　　第 10 章

原 田 　増 廣 　（豊岡短期大学）　　　　　　　　　　　　　　第 11 章 1．2

原 田 　敬 文 　（豊岡短期大学）　　　　　　　　　　　　　　第 11 章 3

多 田 　琴 子 　（神戸常盤大学）　　　　　　　　　　　　　　第 12 章

久 保 田 智 裕 　（園田学園女子大学短期大学部）　　　　　　　第 13 章

室 谷 　雅 美 　（豊岡短期大学）　　　　　　　　　　　　　　第 14 章 1

藤 岡 　宏 樹 　（大阪キリスト教短期大学附属認定こども園聖愛幼稚園）　第 14 章 2

山 本 　淳 子 　（大阪キリスト教短期大学）　　　　　　　　　第 14 章 3

原 口 富 美 子 　（湊川短期大学附属北摂中央幼稚園）　　　　　第 14 章 4

小 磯 久 美 子 　（四天王寺大学）　　　　　　　　　　　　　　第 14 章 5

酒 井 　幸 子 　（武蔵野短期大学・武蔵野短期大学附属保育園）　第 14 章 6

宮 前 　桂 子 　（大阪総合保育大学）　　　　　　　　　　　　第 14 章 7

● 編著者紹介 ●

小川　圭子（おがわ・けいこ）
兵庫県生まれ。筑波大学大学院人間総合科学研究科修了。博士（学術）。
大阪信愛学院大学教育学部。学校心理士・ガイダンスカウンセラー。専門
は，幼児教育学・保育学。「発達障害児を担当する保育者の研修内容の構
成に関する研究」「グローバル社会における伝統文化支援プログラムの構
築」「協同する経験を豊かにするための保育者の援助に関する研究」など
を行っている。
〈主著〉『実践にいかす特別支援教育・障がい児保育の理論と支援（共編
著）』（嵯峨野書院），『保育者論―子どものかたわらに（共編著）』（みらい），
『保育実践につなぐ保育内容総論（共編著）』（みらい），『乳幼児保育の理
論と実践（共著）』（ミネルヴァ書房），『子育て支援の理論と実践（共著）』
（ミネルヴァ書房），『保育原理［改訂版］（共著）』（福村出版）ほか。

新・保育と環境［改訂新版］　　　　　　　　　　　　　　　《検印省略》

2019年 4 月20日　　第 1 版第 1 刷発行
2022年 8 月31日　　改訂新版第 1 刷発行

編 著 者　　小 川 圭 子
発 行 者　　前 田　　茂

発 行 所　　嵯 峨 野 書 院

〒615-8045　京都市西京区牛ヶ瀬南ノ口町 39　電話(075)391-7686　振替 01020-8-40694

©Keiko Ogawa, 2022　　　　　　　　　　　　　　　創栄図書印刷・吉田三誠堂製本所

ISBN978-4-7823-0614-7

新・保育と健康

三村寛一・安部惠子 編著

子どもたちの発育・発達の理解を深め，健康な心と身体を育むための幼児教育を考える。幼稚園などでの実践例も数多く盛り込み，保育者を目指す学生はもちろん，子どもたちの健やかな成長を願うすべての人への一冊。

B5・並製・142 頁・定価（本体 2200 円＋税）

新・保育と言葉
―発達・子育て支援と実践をつなぐために―

石上浩美 編著

言葉は，子どもが社会的に生きていくための手段であり道具である。Society5.0 社会の担い手となる子どもの未来のために，いま，大人や社会が何をしなければならないのか。

B5・並製・144 頁・定価（本体 2250 円＋税）

新・保育と表現
―理論と実践をつなぐために―

石上浩美 編著

子どもは何を感じ取り，どのように伝えるのか。子どもの発達特性を解説しながら，豊かな感性と想像力を育む表現を，生活の中にある音・風景・自然，子どもの遊びから考える。

B5・並製・168 頁・定価（本体 2400 円＋税）

教育原理
―保育・教育の現場をよりよくするために―

石上浩美 編著

教育現場の実情や教育思想，歴史をふまえ，現代の保育・学校現場において実践に活用できる知識を整理する。これから保育士・教員を目指す学生のみならず，現場にかかわる人々に「教育とは何か？」を問いなおす。

B5・並製・144 頁・定価（本体 2200 円＋税）

教育心理学
―保育・学校現場をよりよくするために―

石上浩美・矢野　正 編著

よりよい「現場」づくりのための理論的背景として「教育心理学」の知見をはめ込むことを試みた。さまざまな「現場」で子どもと関わっている多くの方の問題解決のヒントとなる一冊。

B5・並製・148 頁・定価（本体 2150 円＋税）

実践にいかす
特別支援教育・障がい児
保育の理論と支援

小川圭子・矢野　正 編著

歴史的経緯を振り返るとともに，個別の教育支援計画や基礎的環境整備を具体的に解説。教育・保育現場の事例を用い，順序立てて学べる演習問題を各章末に設けている。

B5・並製・162 頁・定価（本体 2300 円＋税）

嵯峨野書院